口述法史

刘广安 著

九州出版社
JIUZHOUPRESS

图书在版编目（CIP）数据

口述法史 / 刘广安著 . -- 北京 : 九州出版社，
2021.7
    ISBN 978-7-5225-0172-7

    Ⅰ . ①口… Ⅱ . ①刘… Ⅲ . ①法制史－中国－文集
Ⅳ . ① D929-53

    中国版本图书馆 CIP 数据核字（2021）第 115752 号

口述法史

作　　者	刘广安　著
责任编辑	周弘博
出版发行	九州出版社
地　　址	北京市西城区阜外大街甲 35 号（100037）
发行电话	（010）68992190/3/5/6
网　　址	www.jiuzhoupress.com
电子信箱	jiuzhou@jiuzhoupress.com
印　　刷	三河市兴博印务有限公司
开　　本	880 毫米 ×1230 毫米　32 开
印　　张	6.75
插页印张	0.125
字　　数	96 千字
版　　次	2021 年 9 月第 1 版
印　　次	2021 年 9 月第 1 次印刷
书　　号	ISBN 978-7-5225-0172-7
定　　价	59.00 元

口述法史，幸存讲坛。

感恩师友，实录学缘。

刘广安

法学博士，中国政法大学教授，博士生导师。北京大学法学院兼职教授，华东政法大学法律史研究中心客座教授。

前言

即将退休，特选授课实录、评议实录、讲座实录、访谈实录、书信实录和日记实录，编为《口述法史》，略记学缘。

从 1983 年读法史学研究生以来，我先后研究了多个法史学专题，在中国民族法史和中国传统法律体系方面出版了专著与合著。求真是研究法史的学术目标。求真需复原，有文献的复原、实物的复原、事理的复原。我探讨中国传统法律体系与法律变通的内在关系与协调原理，是追求一种法史事理的复原求真。特选几种实录编为《口述法史》，也是一种复原求真的学术追求。

多年讲课皆无录音。2017 年 11 月 7 日，2019 年 11 月 14 日，两次讲课因偶然原因留下录音，经热心学生辛苦整理，通过公号获得传播。法史学缘，始于职业选择，终于事业追求。研究法史，基于专题研究，又上升到通史高度认识，重视专论，也重视综论，尊重考据，也尊重义理，追求素朴简洁的语言和准确明白的论证。多年研读，谨慎撰写，略有心得，献给读者。

2020 年 12 月 16 日于京华东斋

目　录

授课实录

中法史必读书目 [1]

时间：2017 年 11 月 7 日下午

地点：科研楼 A820 室

讲授人：刘广安教授

听课人：2017 级法史博士生

博士生郑好、申巍根据录音整理，已经讲者审阅。

"中国古代法律体系综论"这个题目，是 2010 年张先生指定我讲的题目。在 2010 年之前，没有限制讲什

---

1 这份书目简介初发表于"法立春秋"公号 2020 年 5 月 29 日，转载于"孔府档案研究中心"公号 2020 年 5 月 29 日，又转载于中国政法大学法律史学研究院公号 2020 年 6 月 6 日。

么题目。往年我是把要讲的材料复印出来，发给大家。今天我只是列出要点打印出来。今天我准备跟大家交流两个方面的内容，一个是介绍一些参考书目，这是我这两天临时增加的内容，往年没有这个内容。另一个是介绍法律体系的研究思路。

参考书目，我注意到法制史学界的老中青学者都有开过书目的。蒲坚老师开过的参考书目已印在书上了。近期我在网上看到有一些中年学者、青年学者，也开了一些参考书目，开得比较多。我都要退休了，在这个课上还没有开过参考书目，所以想也开一个。我开的这个书目跟其他的有一点不同，是我把这个书目分成了三类。

第一类是精读书目。我指的精读书目是说这一类书是要反复读的。每一句话都要读得"知其然"，甚至"知其所以然"。这肯定是一个很高的要求，像这种精读的书目，我虽然列举出一类来，但是在法制史这门学科里，有一本书的每句话都那么精读了，我还没达到。我是把它作为理想目标提出来。有的文章是精读过的，一本书里说的每一句话，就不一定都值得那么读了，但是像《唐律疏议》的名例篇、《汉书·刑法志》《晋书·刑法志》前面的导论，涉及律学部分，这些部分是需要抽出来精读的。精读的书目，我觉得不要太多了，不要超过十种，因为我觉得太多了，就很难读得那么精。只有《老子》那种书，才可以达到每句都需要那么精读，其他的古籍，很难达到每句都需要那么精读，下那样的功夫。当然，那些搞文献注释的学者可能注释哪一本，哪一本就需要达到每一句都需要精读。

第二类是必读书目，我今天给大家介绍的必读书目限定在二十种。这二十种必读数目，不是说每一句话都要弄懂，都要"知其所以然"。必读书目里面要选一些重点部分重点章节来读，实际上带有很大的选读性质。

第三类是泛读书目，我没有限定数量。有博士生到我家串门，问读书的体会，我就说"精读要精，泛读要泛"。意思是说，精读的书要少，但是一定要读得精，泛读的书要读得越多越好。泛读的书目甚至不一定要限制在法史学科，文史哲政经法，甚至其他多种艺术类科技类的书，都可以在泛读的范围内。在我的微信圈里，可能你们会注意到，我差不多每天都要淘一本书，我淘的那些书乱七八糟什么都有，都是属于泛读类的。

我把必读书目列了二十种，我现在做一个简介。我本来想把这个书目打印在书稿上面，我这个手最近扭伤了，连写字都非常困难，所以我就没打出来，我发给你们的那个提纲后面有空白，你们就记在空白处吧。

必读书目的第一种，我列的是《尚书》，第二种是《易经》。《书经》和《易经》，这两种书不仅仅是法制史的书目，按照现代学科的分类，文史哲法政经里面的内容都有，它是综合性的书，但它里面涉及法律史、法律思想史的内容，可以说是我们汉语法学的源头性的书。因为甲骨文、金文里面没有太系统的完整的篇章。《尚书》和《易经》里面有一些完整的篇章，尤其是解释的部分。它们作为汉语法学的源头，不一定每一句话都要读到，但是涉及法学的那一部分，可以抽出来看，比如说《尚书》中的《吕刑》，《吕刑》这一篇可能要抽出来。要是我在本科的时候有人这么提示我的话，我可能觉得《吕刑》这一篇都应该背下来。后来只是大致知道里面的明德慎罚、世轻世重等思想。这两篇综合性的汉语法学源头典籍，我建议大家看的时候，主要是注意它里面涉及的法律的基本问题，就是涉及法律与道德的关系、法律与宗教的关系、法律与习俗的关系，看这两本书里它是怎么论述的、表述的。它表述的是很早的从思想角度认识的这些基本关系，不管你现在研究什么法制史专题，还是其他研究现代的法律问题，这些基本关系都是最基础的问题，最基础的问题就具有普遍的价值。另外需要注意这种综合典籍，是怎么论述法律与国家的关系，还有法律与家庭的关系、法律与个人的关系。这些也是法学方面的基本问题。不管你研究什么朝代，都应该注意这些基本关系，就是我刚才说的法律与道德的关系、法律与宗教的关系、法律与习俗的关系、法律与国家的关系、法律与家庭的关系、法律与个人的关系。划分的标准不同，但都是基本问题。《尚书》《易经》不同程度都谈到过。《尚书》《易经》现在都有人写出单篇的论文出来，在网上一查就可以看到，他们都是抽出一部分法律问题来谈的。但是我刚才说的这几方面，是不是都写全面了，新的文章，这几年我没有看到。

第三种是《周礼》。《周礼》这本书，尽管它的内容，大家没有确定统一的意见，它哪些是西周的，哪些是后来加上去的，还没有形成统一的意见。这本书是何种法典性质，大家也没有统一的看法。但是这样一本记载典章制度，也是属于汉语法学源头的著作，它对后来影响太大了。从政治影响上看，王莽改制、王安石改革受影响很大；从立法方面看，它对后来会典编纂影响太大了，对《唐六典》《明会典》《清会典》，影响太大。所以《周礼》是一个必读的书。那么厚也不一定每句都精读，《周礼》的《秋官》篇，跟《尚书》的《吕刑》篇，集中讲法律的，就要单独提出来，比一般的内容要看得认真、仔细一些。就是我刚才说的如果是在很年轻的时候，在大学时代，我觉得就是要背的，如果是做这个学科研究的，以后你研究什么问题，就想起来它在哪。

我们看到老一辈历史学者超过现在的，就是因为他们小时候就是读过四书五经的，有的内容他是背过的。郭沫若到日本考古，他能想起他小学时读书的内容，在什么地方，他一下就跟甲骨文、金文发生联想。这个联想很重要啊，你有没有很重要，所以那一代学者的这种童子功，是我们新中国以来的历史学者所没有的。我到大学慢慢接触这些书之后，摸爬滚打地都要到退休了，这才发现这些书里哪些要精读，哪些部分应该读到什么程度。对于我来说，到 50 岁以后，这个重要性我才逐步认识。

在我上研究生的时候，虽然没有现在要发两篇论文这样的压力，但是你总是希望赶快把这个专题研究发表，所以很早就忙着写一个很小的专题，那个专题也发了，但是像这些源头的著作，实际上是没有下功夫细读。现在回过头来看，这就是影响根底的问题。还有那些现代的著作，我现在回头来看，花费的时间太多了，是不值的。要花费，是应该花费在原典细读上。除了你研究的问题，你可能研究的是很小的问题，研究清朝的问题、民国的问题，看一手材料，这个肯定是要花很大的功夫。

除了你研究这个问题之外，其他任何的近代以来的著作，真是都值不得你花这个原典的功夫，这个是我现在回头这么看的。因为原典是一个源头指导，是给你一个知道演变根底的问题。

前年有一个法大的硕士生，我上课的时候，看他好像很喜欢古文，他跟我联系想读博士，我就建议他写《周礼》对传统法制的影响，主要就是要他把《周礼》与《唐六典》、明清会典的关系，整个地写清楚。他觉得压力太大了，说他完不成这个任务，干脆连博士也不考了。所以我没有招到这样一个具有耐力、功夫的研究生来攻克这种课题。但是我认为《周礼》对传统法制的影响，这个是一个很大的、一个值得研究的课题。每一部法制经典对后世法制的影响，都可以写博士论文，在我看就是这样。只不过是《书经》《易经》就更难，《周礼》内容相对还集中，都是一些典章制度。

　　第四种是《礼记》。《礼记》解释义理的内容多，它代表了中国古代的思想，包括古代的法律思想的认识水平。你们应该也是了解的，到了唐朝，《礼记》都提到了很高的地位了。《礼记》那么多篇，也不是说都精读，所以我说这个"必读"，就是你必须了解这个意思，精读你还得往里选篇章。

　　第五是《荀子》。《荀子》的重要性，我是在本科的时候上张国华先生的法律思想史课，听他介绍的。谭嗣同说："二千年之政，秦政也；二千年之学，荀学也"，这个话给我留下很深印象。

秦朝以来的政权体制就是秦朝的模式，从秦朝以来的政治法律思想占主导地位的不是孔子、孟子的，是荀子的，荀学也，主要是儒法合流的思想。孔子、孟子、《论语》还是儒家的思想，法家的思想没有包含进去。荀子是儒法合流的奠基人。所以他的礼法结合、儒法合流的思想，就值得我们精读了。

这五种我是觉得不光读博士，就是只要了解中国法制史的，甚至不读法制史的，要了解一般中国传统文化的，都应该是一种必读书目，只是个人选择的重点不同。偏重政治的选政治，偏重道德的选道德，偏重法律的选法律，各有侧重。

第六种是《汉书·刑法志》。大家知道十多种刑法志，《汉书》是第一次有刑法志，《史记》里没有。《汉书·刑法志》已经写了汉朝以前的法律制度的源流、演变、利弊得失。学界有些已经把这个看作是中国法制史的第一篇著作，可以这么说。因为《吕刑》是记西周当代的法律制度为主，源流还没有写那么多。《汉书·刑法志》是明确地从历史角度写的。所以我是把它看成第一部中国法制史的著作。但是这个法制史著作是附在历史书里面，附在《汉书》里面。所以说法制史是史学的分支，我想就是指这个，因为它是附在纪传体史书中的一部分，后来尽管有典制体史书、编年体史书，法制史都还是其中一部分。所以一直对法制史学科性质说是史学的分支，我想主要是指这个传统，因为它本身就是列在史学系列里。要是按照后面经史子集编排的书目，它也是列在史部里头。所以史学法制史这种认识、观点，是以客观存在的历史著作来看的。《汉书·刑法志》已经受儒家思想的影响，所以书里贯穿儒家的指导思想，一直影响后面的刑法志。大家可能都已经了解这些知识，我只不过是介绍了这本书，新的一点认识和旧的一点认识，我都结合起来说一下，也许你觉得这个我已经早已知道了，那就略为参考。

第七种是《晋书·刑法志》。《晋书·刑法志》对我们了解中国法制史，从它内容上在我看来是比《汉书·刑法志》更加重要，尤其是对我今天讲这个法律体系综论更重要。因为大家看到《晋书·刑法志》，《法经》的篇章体例，以及《法经》中的具律与各篇的关系，以及一直到后面刑名法例与各篇的关系，《晋书·刑法志》第一次论述了法典内部的法律体系的关系，上升到理论化高度认识，这就是我讲这个传统法律体系，《晋书·刑法志》现在看来就是比较早的系统的法律体系材料，所以我讲这个题目是更重要一些。

还有就是《晋书·刑法志》记载的，张斐解释法律的一些材料，张斐解释了20个名词，这个代表着唐朝以前的法律解释学的水平，理论水平，现在没有更丰富的资料，把唐朝以前的一些解释材料，像集中在《晋书·刑法志》里记载下来。现在可以看得到郑玄的一些解释，《晋书》集中解释的就是律典。所以《晋书·刑法志》，我列在必读书目里，像其中这些部分就是要精读了。那20个名词解释，差不多在本科时候就会考试，我说这就是要背的，你一下看到唐朝的刑法，就想起在《晋书·刑法志》的什么地方已经讲到了那些法律的原则。

第八种是《唐律疏议》。这个不用多言了，因为这是第一部系统流传下来的法典，《唐律疏议》的解释是代表着整个中国古代律学的水平。不光是了解《唐律疏议》,《唐律疏议》相关的著作你都得了解了。要说读古代法典下功夫,这个《唐律疏议》,就值得精读。但是《唐律疏议》12篇500条,不是每一篇每条都精读,第一篇《名例律》你得精读,《名例律》里面的基本原则。还有《唐律疏议》相关的著作,现在比较权威的版本,像刘俊文的《唐律疏议笺解》,钱大群老师的《唐律疏义新注》,即使你不研究这个朝代,研究其他朝代,都需要当作基本功来掌握。

有些好像只介绍刘俊文这个历史学家的《唐律疏议笺解》,考得很细腻,钱大群老师的就没怎么介绍;有些介绍钱老师的,好像这个《唐律疏议笺解》就没怎么介绍。这两种,我们对照地看,那是各有千秋。刘俊文对历史沿革考得很细很权威,钱老师把500条相互关系的横向的法律关系考得很细,从法学角度、法律体系的角度。所以这两部,钱老师的《唐律疏义新注》和刘俊文的《唐律疏议笺解》,是不能互相代替的。

还有华东政法学院王召棠老师编的《唐律疏议译注》,出得更早,在翻译上也有他的特点。《唐律疏议》研究的著作太多,但是我们主要就是看刘俊文和钱大群老师的两部著作。戴炎辉的《唐律通论》，我后面还会提到。

《唐律疏议》这样的法典，不只法典本身，相关最重要的著作都成为我们学这个学科的基本功了。你自己研究清朝的问题，你应该回头要研究一下、比较下，把唐朝的能够联系起来，就是源流的问题。

第九种我列的是《大清律例》。《宋刑统》和《大明律》，我没列。因为它对《唐律疏议》有些继承，还有《大明律》被《大清律例》这个体例已经继承下来了，《大清律例》可以说是传统律典的一个总结性的著作。把《唐律疏议》那些解释减少了之后，它增加了很多条例，用条例起补充和解释作用，就值得专门研究了。

第十种是沈家本的《历代刑法考》。我把《汉书·刑法志》说成是中国法制史的第一部著作，是属于史学的分支。《历代刑法考》，我看就是中国法制史作为一个独立学科的标志性的著作，在我写的《20世纪中国法律史学论纲》那篇论文，就是1997年《中外法学》发表的那篇，我是把它定位为中国法律史学具有独立品格的奠基性的作品。为什么这么定位？就是前面的

《刑法志》，是附属在纪传体史书里的。典制体，像《通典》《文献通考》，属于典制体史书，还有编年体史书，都是历史学的一个分支。但《历代刑法考》出来已经不是列在历史学的一个分支里，当然这是已经到清末，编书的体例也不同了。《历代刑法考》已经主要是讲法律的问题，不光是法律的源流演变问题，还有法律的相互关系问题、作用问题、效率问题，还有少部分与西方法律的比较问题，都涉及到了。我写的《20世纪中国法律史学论纲》，被我收在《中华法系的再认识》书里。有些人看过，当时就有人提出来，怎么光写沈家本，没写梁启超？这个是我到后来，2003年，高等教育出版社让我编本法律思想简史，我写梁启超的法律思想才补救了这个不足，把梁启超关于法律史的认识写在著作里。我后来又特别说明了当时为什么只写沈家本，没写梁启超。因为当时就听到有一些人说，梁启超早期的法史著作里有很多都是抄日本学者的，但是我又没怎么看过日本学者早期的著作，也不知道他究竟是抄的哪，或是改头换面写的。这样我评价梁启超，就无法说清楚他跟日本学者著作的关系，哪些是转述过来的，哪些是梁启超亲自写的。当时看到梁治平写的文章里说，有的法史学者写中国法制史学的奠基人，写沈家本，没写梁启超。

范忠信整理梁启超的论文，他写了一篇《认识法学家梁启超》，但是法制史这部分写得不多。在我写的那个教材里，教材有20万字，2万多字写梁启超，显然我对梁启超这一部分是下了功夫了。我写时看到了日本浅井虎夫的著作，还有其他法史著作，已经翻译过来了，介绍过来了。我拿着对照看，这个还不能说梁启超照抄啊。还有到日本的留学生写梁启超受东学的影响，主要是讲政治学、经济学的影响，法律这方面写得少。我自己读了之后，觉得梁启超对《历代刑法志》、"十通"这些著作，是很熟悉的。"十三经"，他在很年轻的时候，就看了，就知道了，他哪用抄他们的？所以他参考过日本学者引进西方法律的一些思想，如穗积陈重的《法典论》，有些理论性的东西，他参考了。材料这些东西，他自己可以很方便，就把《历代刑法志》，还有"十通"这些书找来，就写成法制史了，他还用照着他们的抄？所以没有认同这种抄袭的观点。后来我做了补救，在书里说明当年我没写梁启超的原因。

所以一个长期搞一个学科的人，对自己过去写的著作论文继续写下去可以补救。你如果不是长期研究，中断了，就是一个认识缺陷。梁启超用西方法学理论、用日本法学的一些成果来解释中国传统法制，他是重要的奠基人之一。《历代刑法考》之前，薛允升写了《唐明律合编》。所以我把沈家本的《历代刑法考》视为是中国法律史学作为一个独立学科的一个标志性的作品。他这部书出来，中国法制史这个学科，有了自己独立的品格。

我在我的文章里，是不赞成法律史是历史学的分支这样的说法，我认为它已经是一个法学的基础学科，就是和法理学、法社会学、法哲学并列的，就是一个法学的基础学科，它主要的研究特点，是在法学方面，史学方面我们主要运用了它的材料。史学的法制史，法学的法制史，现在已经形成了一种概念化的、不同的看法了。现在好像成了两个概念，史学的法制史，法学的法制史。法史学界引进的历史学学者比较多，从历史学界过来的，还是按历史的典章制度传统解释。

历史学根深源长，很早就形成了很多稳定性的、规范性的、原则性的学术著作，都有章法可循。法史学还没有形成历史学界那样的公认的、普遍的，用现在时髦的话说，就是研究范式。所以学术评价就会不一样。尤其是搞历史文献学的，读懂一点就是一点，头打实的，但从理论思考，就更难。我个人对考据或综论，没有偏重，说谁高谁低的，但我个人认为综论更难，综论要立得住更难。这个第十种我说了这么多。

第十一种就是瞿同祖的《中国法律与中国社会》。他在 40 年代就写了、出版了，他从社会学角度来解释法制史，差不多又是开创性的。这个书现在已经成了经典著作，影响很大了。就是瞿同祖的《中国法律与中国社会》，我也没有达到，就是逐字逐句，都推敲了，我刚才说的每一句都读了知其然，又知其所以然。一段时间读这一部分，一段时间读那一部分。1998 年，中国政法大学出版社给瞿同祖先生出法学论著集的时候，我出于对这个著作的崇敬，认真校对了其中的婚姻制度的部分，校对部分当时肯定是读得很细。这个书大家了解已多，不用多说了。它的研究方法的角度，它现在的影响，现在西方介绍翻译成英语的法制史著作，中国学者写的，恐怕他这个应该是放在第一的地位，不说是第二。瞿同祖先生这本《中国法律与中国社会》被引用得多，西方汉学者研究法制史的时候引用得多。

第十二种是戴炎辉的《唐律通论》。《唐律通论》又出了新的版本，黄源盛老师送了我一本，我现在看这本多了一些。戴炎辉的《唐律通论》是用现代法学方法来解释中国古代法典的一个典范。《历代刑法考》还没有完全能够用现代法学解释，它用传统律学的那些观点，或者是传统典章制度的那些观点解释法制史。但是《唐律通论》的解释，我们注意它的解释很有分寸，不是完全套现在的部门法体系。

以前听到有人说《唐律通论》写在仁井田陞的论文《唐律通则性研究》后面，仁井田陞的那篇论文字数将近10万，相当于小型著作。有学者说戴炎辉受仁井田陞影响很大，或者是有一部分甚至有相近的东西。但是我对了一下，仁井田陞的《唐律通则性研究》是一个刑法理论性论述很强的、综论性很强的著作。戴炎辉先生的著作是既有考证又有综论，下了大功夫的，后来又著有《唐律各论》。在台湾，学者认为法制史著作那么多，真正有传世影响的，他们还是首推戴炎辉的《唐律通论》。

第十三种，我选择的，就是张晋藩先生主编的《中国法制通史》。差不多就是新中国建立以来的、当时的比较优秀的法制史学者的成果都集中到这个通史里。通史十本这个必读书，我没有做到精读，我说的是逐字逐句地读。但是，《中国法制通史》那个导论，就是张先生写的导论，涉及他对整个中国法制史学科的看法，你们要细读一下。他跟其他地方张先生对整个中国法制史的那些论述的联系性，对这个学科总体的认识，对张先生的学术特点的认识很重要。

《中国法制通史》的明朝卷，是我做副主编，清朝的民族法律这部分，我是写了一部分，所以我参加的是两卷。我写的是明朝立法概况这部分，这个概况写了 3 万多字，实际上就是今天我要跟你们讲的这个法律体系的部分内容。我之所以有资格来讲，就是因为那是一个基础性的研究成果。我当时申请司法部的项目，就是按照立法思想、立法体系、立法解释、立法作用这个体例构建的。那个时候给的钱少，只给了5000块钱。我把那5000块钱买书买完了，后来也没有钱出书了，就把那3万字放进这个书里。这是我做法制史学者唯一的、我自己申请中的一个项目，就叫"中国立法史研究"，这是1997年。到2002年评博导的时候，刚好还在五年之内，还有效，五年之后就作废了。它就三年，满了可再延期两年，我延期了两年，到2002年。如果我这个项目作废了，我就不能做博士生导师了，到今天我也不能跟你们见面了。5000块钱在1997年也算不错了，但是要出书不够。

我后面这两个项目，就是教育部的基地项目，2007年的项目，2016年的项目，都是张先生支持我申请的。

第十四种，是张国华先生主编的《中国法律思想通史》。这两部通史都是新中国以来的代表性的、集中很多学者力量来做的。《法律思想通史》是山西人民出版社出的，后来也全部出齐了。[1] 这书的导论是张国华

---

1 经整理者查找孔夫子旧书网，《中国法律思想通史》已经出版齐全，共4册，1—11卷。

老师写的，你们看书都注意，导论部分是他差不多积累了半生的主要见解，就是我说的综论性见解，他都写在里了。张国华老师自己写的《中国法律思想史新编》那个小本的教材，在我们本科时候讲，它的导论部分实际上影响了我们整个法制学界很多的看法。现在看也不新，就是说中国传统法律文化，皇权至上，德主刑辅，宗法色彩浓厚，他总结四五个特点，后来发现这几大特点，大家基本上达成共识。在他之前有人已经从一些方面，瞿同祖对法律儒家化已经谈到一些认识。所以你们看每一本书都要注意它的序言部分，这个序言，包括对这个书的主要认识。

第十五种，前面是书为主，我觉得还是要选一本论文集。论文集现在太多，我反复掂量了一下，还是选择刘俊文编的《日本学者论中国法制史》那一册。刘俊文编这个书，日本法制史学者老一辈的仁井田陞和滋贺秀三，权威性的学者的论文，选了好几篇。我刚才说的仁井田陞写的《唐律通则性研究》，那个近10万字的论文，全部都翻译选在里面了。我前几年给研究生讲课，讲唐朝的立法，就拿着仁井田陞、戴炎辉、刘俊文的书，对照着说。杨一凡老师又主编了一套四卷本的《日本学者论中国法制史》论文集，这个选的就更多了，那么厚。

在前个星期，我到海淀图书城，看到杨一凡老师主编的四卷本的中华书局出的那套，都打成六折在卖。我把它买来了。我把这四卷本的论文目录看了一下，最后觉得我还是选刘俊文这一本。一个是数量少一点，一个就是仁井田陞和滋贺秀三的长文，都在里边。仁井田陞的那篇论文太重要了，让我说，法制史成为独立学科以来选十篇论文，仁井田陞的就要选择在这十篇之内，其他再有多少，都在这十篇之外。

我这个法制史书目，中国法制史必读书目选了十五种，后面五种是外国法制史的。中国法制史要研究得很有新意、很有特色，得学外国法制史成果。你们应该看到，梁治平和何勤华，是外国法制史学出身的，但是后来重要的著作是从外国法回头研究中国法制史问题。何勤华《中国法学史》三卷本那么厚，还有梁治平的主要代表著作，不是外国法制史，而是中国法制史的。

外国法制史著作那么多，我只是选择最基本的，跟这个学科相关的，不管你读哪科博士，都要读这些书的。所以第十六种选的是《圣经》。第十七种选的是《古兰经》，第十八种选的是《摩奴法典》。无论《书经》《易经》《圣经》《古兰经》，从法学的角度，我觉得你要特别注意书里论述法律与道德、法律与宗教、法律与习俗、法律与国家、法律与家庭、法律与财产等最基本的问题，认识了最基本的问题，再研究中国法制史的具体问题，你会突然发现，这个在《书经》《易经》《圣经》《古兰经》里，已注意到了相近的问题。

还有《摩奴法典》，季羡林老师有一个学生，名字我想不起来，他在季老师那儿读了五年梵文，真正出自师门，《摩奴法典》他翻译为《摩奴法论》，他还特别说了，以前都是用"法典"，现在看来很容易跟罗马法典混淆起来，所以要用"论"。他说西方有些学者也用"论"。但是我看了之后，我倒觉得，中国传统的"典"也不一定就是法典，典就是重要典籍嘛，所以就是摩奴法的一些重要典籍。用"典"这个名称，不一定非改成"论"，你改成"论"，好像很散的一些论文。所选的都涉及到几大法系的源头。

第十九种是《法学阶梯》。我选的不是优士丁尼的《法学阶梯》，是盖尤斯的《法学阶梯》，因为它是罗马法早期系统化的著作。

第二十种是威廉·布莱克斯通的《英国法释义》。《英国法释义》是何勤华老师主持的翻译系列里头的一本。我只买到第一本，后面《英国法释义》是不是还出了书，我就不知道了。我们要了解英美法系的代表作，第一步就要推这个《英国法释义》。

我选这个必读书目，大家已经注意到，就是把五大法系的源头性的书、代表性的书都选了，大陆法系、英美法系、伊斯兰法系、印度法系、中华法系的源头性的书和代表性的书，从这个角度选的这二十种。

这二十种是必读书目，我已经说了，我跟他们的区别，就是做了精读书目、必读书目、泛读书目的区别，另外就是必读书目，我不是选上百种，只选择二十种。

选这二十种还有一种个人原因，就是我觉得我们这一代学者，就是当过知青的这一代学者，实际上已经耽误了很多时间，上了大学之后还算能够多读书，这些原典很多都是到了大学之后才慢慢接触的。

我对法律必读书目的介绍就到这儿，下面就讲法律体系的研究思路。

刚才有什么没听清楚的，你们问一下我，我能补救就补救一下。我看着时间，现在有四五分钟。郭威提个问题，有什么问题吗？我介绍这个书目，还有就是你看到网上流行的一些书目，你看了一些，你联系起来说，你看了有什么感觉？

学生郭威：我觉着您介绍的这些书目，确实是经典，因为最近也读了一些。我觉得读书还真得读经典。因为读硕士的时候碰到您，您当时说现在这个书太多了，经典的书还得再多读，要有时间，起码把《唐律疏议》给看一看。然后要把《晋书·刑法志》《汉书·刑法志》的东西读一下。这些话到现在我还记得，所以我后来就把《历代刑法志》买过来，看了一下，尤其我在读《晋书·刑法志》的时候，真的是那种澎湃的感觉，它能给你那种感觉。

刘老师：经典难以精读到每句，还要选读得当。《唐律疏议》500条，《名例律》首先要读懂前面的导论。田纯才，《唐律疏议》读得多一点，你能不能背几段，要是能背，你就背一下给我们听听就行了。

田纯才：我在北大接触比较多的是法律思想史，法制史这一块接触比较少。

刘老师：那法律思想史的背几段也可以的。

田纯才：背不了。

刘老师：你现在这个年龄读经典，要背重要内容。传说陈寅恪，十三经正文、注释都能背很多，有些人说这是夸大。那一代人从小背正文，他真是能背很多。你们现在注意，张先生在讲课时，有很多他是背出来的，重要的法律思想史材料是背出来的，他都近90岁了，他那一代还有这个童子功，他背出来给你听。背出来，和我们知道到哪儿去查，这是很大一个差距。背就是在必读书里还要选精读的片段，精读的片段，你背那一段，像刚才郭威说的，像《晋书·刑法志》二十个名词都要背。趁你这个年龄，我觉得要背的，如果你要吃这碗饭，就会终身受益。像《唐律》"名者，五刑之罪名；例者，五刑之体例"那一段话，那些话就是你经常都会碰到。

介绍必读书目二十种。这些书，要具体拿这本书来说的时候，我们更能说到一些具体的问题。有些同学，我指导的学生，到我家聊天的时候，一下才想起这个话题，才会把这个话题谈得史细更深。

第一部分是选必读书目，第二部分就是介绍法律体系的研究思路。我用了"思路"这个词。包括我用"精读""必读""泛读"这些词，看的是很通俗的词，大家都熟知，但是我在这儿有点分类，显然是有我的一个体会。我用的"思路"，没有用"视角"，也没有用"方法"。我为什么在"视角""方法"之间，选择用研究"思路"这个词？这是我觉得"视角"，可能是对于一个问题，有时候可能是一种直观式的，还没有系统，还没有相对的理论思考，从我选择的这个角度去看了。"思路"，可能是对这个已经不单是从一个视角上，从法学或者是从史学的视角，或者是从法学里面，比如从刑法或者民法，不单单是一个视角，已经对这个问题形成了一定的理论的认识了，但是还没有达到系统的方法论的高度，所以不敢这么说，我这是一种研究方法，或者用现在流行的一种说法："研究范式"提供大家，这只是一种研究的思路。这个思路就是我今天列给你们的这五个标题。

（以下录音整理内容略）

法史研究自述 [1]

时间：2019 年 11 月 14 日下午

地点：科研楼 A820 室

讲授人：刘广安教授

听课人：2019 级法史博士生

博士生申巍录音整理，已经讲者审阅。

　　古代法律体系综论，我讲了八年了，已经出了两本书了。一本是《中国古代法律体系新论》，是在讲课的基础上编辑的；还有一本是和我的博士生沈成宝合著的

1　这次授课实录经中国法律史学会执行会长王健教授推荐发表于"法学学术前沿"公号 2020 年 3 月 31 日。"刘广安教授长期致力于法律史学研究与教学，治学严谨，思想缜密，心性静雅，淡泊名利，在学术创作与学术评价方面，常有独到见解。每有发表，必精心钻研、有所创获之结果，决不人云亦云，亦决不空发泛泛之论，堪称法律史学术研究之楷模。——所附法律史授业课艺，既蕴含了治学的心路历程，又展现了作者的治学旨趣，其评价得失，品鉴玩味，值得学人借镜参考。"

《清代法律体系辨析》。两书图书馆都有了，我就不照着书再来讲一遍了。

我把自己写的论文编了一个目录《东斋法史文录》，今天我顺着这个目录来介绍，法律体系的内容也包含在里面。我为什么照着这个目录来介绍呢？我参加这些年的论文答辩，有些同学在选题的时候跟我选的题目，或者我指导过的研究生的题目有些相近。如果是相近的题目，你就要注意前面人家已经写了什么问题，如果你纯粹不看，那么到答辩或预答辩的时候，我一看，就发现你对前面人家写的纯粹不了解。另外如果你写的是相近题目，你论述问题的角度可以不一样，你可以从你的角度来论述，但你得参考前面人家的论述。我这几十年写法史学论文，主要是以专题为方向，我也一直是以专题来指导学生论文题目的。我不是一个断代法制史专家，目标就是要成为清朝或明朝法制的专家，也不是法制通史专家。我只是一个专题研究者，我就是选择几个专题，一个一个地来写。这个专题的材料，清朝多一点，就多用一点清朝的，唐朝多一点，就用唐朝的。法律思想史，先秦写得多一点，晚清写得多一点，因为那两部分材料比较多。所以我的论文的题目或者专著的题目，是根据材料的多少来支配的，有这么一个特点。

我指导的学生，因为是不同年代毕业的，没有哪一个能把我几十年写的论文收集起来。我大致收集了一下，只有五十来篇。在我读研和工作的时代，主要还是参加张先生的项目。我在1986年上博士之后，就参加《法律史大辞典》的编写。让我编词条，用了很长时间，边读书边编词条。大辞典编完之后，一毕业，就遇上《中华大典》这个重大项目了。这个项目用了十多年时间。记得在1997年的时候，我当时还不能招博士。张先生说，你参加这个项目，可以指挥我的博士生来查材料。但是博士生不是我指导的，在张先生那里听，到我这里根本指挥不动。1997年的暑假，我记得司法典那部分，一个暑假我剪贴了33本，一本100页，还要分类。那个项目后来把我压倒了。2002年，我做了7年副所长，朱师兄调走作系主任，我已经主持法律史研究所日常工作，面临马上就要转正了，但是实在是被这个压力压倒了，患了严重的带状疱疹。所以2002

年我就辞去行政职务。这些论文，多数是在辞去行政职务之后写的。在这个项目时代，作一个纯学者，我觉得自己只掌握得住一半的命运，甚至掌握不住，有一半的命运是在整个考评制度和其他制约因素之下的。

第一部分，家法族规。我的硕士论文写的是《论明清的家法族规》。我1983年上硕士，1985年完成论文，1986年上博士之后就写民族立法。朱师兄写清代宗族法研究，他硕士论文就写清代族规，是在安徽写，我们互相不知道，后来知道他写了，我的博士论文就改换方向了，就写民族法了。我的硕士论文有3万多字，抽出1万多字《论明清的家法族规》，发在《中国法学》1988年第1期上。这篇论文应该算是我的一篇代表作了。我的超过一万字的论文不到10篇，这个就是其中的一篇。这篇论文对家法族规与国家法律的关系，就是国家是怎么看家法族规的，家法族规与明清时候的刑法的关系、民事法律的关系都做了论述。前几年又看见我们这里有博士生写家法族规，他着重利用浙江的宗谱写的，我利用的宗谱和他的不一样，但家法族规与国家法律的关系，与刑法、民法的关系，那些基本原则是相近的。在开题的时候，我就看他纯粹没有参考我写的，就是刚才我说的，你写同样的问题，你论述家法族规与国家法律的关系还没有前面我们论述得透彻。所以今天我介绍这些题目，意思是在这。

还有当时把这个硕士论文分成三四篇，发在不同的刊物上。《中国法学》现在定位为权威刊物，那个时候也就是一个专门学术刊物，也没有现在权威刊物、重点刊物的称呼。我记得是张先生给《中国法学》主编写了推荐意见："《论明清的家法族规》是我的研究生刘广安写作的硕士学位论文，有发前人所未发之处，请你斧正！"我就拿着张先生的推荐书和论文，那时都是手稿，送到中国法学杂志社，很远，在五棵松那边。1987年年底，责任编辑通知我说，我们要改版，增加《中国法学》的厚度，准备给你发到明年的第一期上。还很慎重，又要再去谈一次话，再去谈的时候，还得注意他们的修改意见。主编张尚卓先生说："你这篇家法族规，没人这么写过，我们决定用你的。以后你有好稿子再送来，一般的就不要送来了。"听他说了这句话以后，我就再也没有给《中国法学》送过稿子，就

送过这一篇。（大家笑）

　　另外发到《自修大学》（政法专业）上的短文。《自修大学》不是一个专门学术刊物，就是为自学考试编的刊物，当时没有像现在这么多的教材，所以就在《自修大学》上登教材。《自修大学》的主编是北大的张国华先生，他的《中国法律思想史简编》，是给我们讲课的讲稿，是按期发到《自修大学》上，同时也作为自学考试的教材，后来他的这本书成了他的专著，也是名著。早先就是发在《自修大学》上。《自修大学》的编辑李贵连老师是张国华老师的研究生，他对我说：我们除了发教材以外，还开了两个小论文栏目，叫作《法学论坛》《法律纵横谈》，你可以把有专题性、有心得的发到这里。所以我就在《自修大学》上发了几篇。发了之后，在我们这儿，那个时候不像现在要求学生发文章，没有这种要求，但是有老师说《自修大学》不是一个专门学术刊物，你在这上面发，我怎么认定你这个学术价值成果？我说张国华先生的那个专著就是分段发在这个上面的，另外里面开设的两个专门栏目发这个。所以这篇硕士论文的其他部分，我把它重新作为一个主题写出来。这个第四篇《家法族规与封建民事法律》，发在《法律学习与研究》1988年第2辑。这个《法律学习与研究》就是现在人大《法学家》的前身。现在《法学家》成了那么红的一个刊物，当时《法律学习与研究》还不是人大法律系自己做主独自编的，它还是和一个函授法律学院共同出这样一个刊物。在那个年头，应该算是次于《中国法学》的一个刊物了。家法族规，我后来就没有再写过了。

第二部分，民族法规。在1986—1989年，我写博士学位论文《清代民族立法研究》。当时的民族法规材料，不像现在，《理藩院则例》《回疆则例》都印出来了，当时找不到这么多版本，究竟有多少版本也不清楚。我们学校只有道光朝《理藩院则例》。我是到了民族大学，才知道还有嘉庆朝的《理藩院则例》，那个是社会学家吴文藻先生送给民族大学的。那时候不能复印，只能手抄。我用一个寒假抄了一本，这么厚一本嘉庆朝的《理藩院则例》。在抄的过程中，大部分就读懂了。但是我没来得及成文。在我写的过程中，也跟大师兄谈一谈。我们这个大师兄是档案学出身，有历史功底，他是写清朝司法审判制度，但是他一看民族立法也感兴趣，他很快就组织成一篇文章《清代治理少数民族地区的法律措施》，在《民族研究》上发表了。因为我们选的是同样题目，如果有一位先发了，后发的创新性就差了。

我们那位大师兄发的论文给我很大一个压力，当时心里肯定是有点火的，你看你写司法制度，跟你聊了聊天，你就弄出来这么一篇民族立法文章来，你弄了一万多字，发到《民族研究》上，我怎么写呢？不光是他，我们所还有一个清史专家，后来做了人大、政协常委，他也对民族问题感兴趣，但对法律钻研没那么深，他在《光明日报》上发了一篇文章，倡导研究清代民族法。所以两个都发在我前头。我就想我不能再在那些刊物上发了，原来我肯定是往《民族研究》《政法论坛》投稿。我就鼓足了劲，一定要往《中国社会科学》投稿，《中国社会科学》在1989年第6期登了我的这篇文章。我的硕士论文发在《中国法学》上，博士论文发在《中国社会科学》上。那个时候，《中国社会科学》虽然没有像现在定为权威刊物，但是全篇文章都翻译成了英语，发在该刊英文版 1990 年第 4 期上。这段掌故助力了我的成长，如果是你的同事中没有强有力的竞争者，就不会激发你顽强奋进的。回头来看，所有竞争者都是成就你的恩人。

按照现在我们的评价标准，《中国社会科学》和《中国法学》，还有《法学研究》这三个刊物，在政法大学算是权威刊物，在这个上面发一篇就有资格申报二级教授，现在是这么规定了。在那个时候发了两篇了，连评副教授的资格都没有，因为那个时候是论资排辈。人家五十多岁都没有评上副教授，你们三十多岁毕业的，跟在后头，所以都要找评委呀。现在回想起来，贺卫方跟我一起，还有米健、卞建林、王宏治一起评副教授。我不认识江平校长，我把我的材料给了贺卫方，请他转给江校长。贺卫方是我亲自带着他到张先生家，拜访张先生的。因为张先生是评委，希望张先生在会议上发言支持。所以我和贺卫方是 1992 年评上副教授的。张先生觉得我发了这么两篇了，他鼓励我 1991 年就申报破格副教授。我的胆量不够，没敢报。如果是人家胆量大的，破格上就上了。中国就是这样的事情，如果不上，过后你就不行了。等到我真正有资格报博导的时候，又有新的规定出来了，必须是五年之内的论文，你这个早就发的论文，现在已经到了 2000 年了，过了十多年，没效了。现在给你们讲这个，一方面是要认真写出你的学术成果；另一方面你的这份学术成果走到学界、走到这社会上的命运怎么样，也难于强求。因为我是一直做这一行的，今天竟然还能上博士生课，还能交代自己这样一个学术历史。我原来是想，退休以后，写《儒林内史》，把我见过的名人写一下。最近我钻研《周礼》，不写那些了。这个民族立法是出了书了，1992 年出书，4 块 5 毛钱，一个小开本的。当时定价不便宜了。能出这个书，要感谢导师张先生，早期成长没有导师推荐，人家是不会接受的。（转身对张先生的一个学生说）你见到张先生，就说刘广安在上课的时候说，感谢您啦！（大家笑）

这个清代民族立法，经我一个同学介绍到民族出版社，放了两年，放到 1991 年的时候，通知我去，说你这个书得赞助 3000 块钱。1991 年，3000 块钱，我们刚毕业那会儿才八九十元钱的助学金。我拿着这个稿子就回来了。政法大学出版社的社长是少数民族，对少数民族感兴趣，经过张先生推荐，1992年在中国政法大学出版社出了。全书出了以后就不能把论文拆开了发表，所以就发了这么一篇。但这个《清代民族立法研究》，对《理藩院则例》的版本，从嘉庆朝、道光朝、光绪朝，理藩院则例的线索，相互关系，六部治藏章程、回疆则例还有苗疆的诸种法规，基本上考证清楚了。近几年不时见有重复研究，有些还重复考证苗例。重新考证也不引证我这个书的考证成果，就当成一篇新的文章，又发在了一个好的刊物上。他发了之后，没有注明你先发的论文，可能有的地方他改一下。博士论文现在都上网，所以上网是能够对照的。我今天介绍这个论文题目就是，如果前面有成果，你们如果要转述人家的，一定要注明，不能抄袭。清代民族立法研究，到2015年的时候，我用基地项目赞助出了新版本，图书馆也有。我在后面还附了一句话：我在网上看到，有的标价已经到100多块钱。原来4块5毛钱，涨到100多块钱，说明有的大学还用它做教学参考书，值得再出。所以这个书再版了。

下面一篇是《对凉山彝族习惯法的初步研究》，登在《比较法研究》1988年第2期。这是《比较法研究》的贺卫方老师给发的。这篇文章是在1985年的4月份，和硕士生同学郑定（已经故去了）、田小梅到凉山美姑县调查后写的。这个真是深入到了基层调查。当地领导安排我们去看野生大熊猫，我们那个时代的人很老实，说我们是调查来的，哪能去看大熊猫？（大家大笑）我们到了乡下，真正的民间，凉山很贫困的民间。写这样一篇文章，真是了解到了基层。再到凉山州图书馆里才发现，人家50年代搞民族识别研究，已经有好多这方面的调查材料。与调查材料互证之后，我们写了调查报告，就是对凉山彝族家支组织的历史和现状的调查报告。我这篇文章有很多敏感的案例，那几年家族斗殴的重大案件，这个会涉及民族问题，就没有发。这个稿子后来寄到东北的一个叫《学习与探索》的杂志，那时候没有复印稿，寄去三个月没见发，我就写信说，如果你们决定不用，就请退回稿件。编辑回信说：这种写凉山彝族习惯法的论文，没有人这么写过，我们可以用，但是敏感案例可能要删掉一点，还得延期。我说延期就免了。人家就把我的原稿退了回来。退回来我就找到贺卫方老师，我说《比较法研究》虽然讲中西比较研究，但是少数民族习惯法也可以用作比较法，他就给我发在 1988 年的第 2 期上。后来看到清华大学的高其才教授写少数民族法制史研究回顾，知道这是第一篇万字以上的写少数民族习惯法的文章，以前都没有从法学角度写。后来西南政法的陈金全老师对彝族习惯法组织大规模的调查，出了这么厚的书。他觉得我没有坚持下去很遗憾。但是前几年，民族大学有个学生考过来，我就让她写了《清朝法律在彝族地区的适用》的博士论文，她已经毕业了。

第三部分，民间调解。《民间调解与权利保护》是中国政法大学出版社出的一个合作项目的一部分。民间调解写了 4 万多字。我一般论文只有一两万字，前面那两篇都没有超过 2 万字。这篇 4 万多字，我只写了 3 万多字，有 1 万多字是请现任法学会研究部主任的李存捧同学写的，他对实务了解得比我多。我们到顺义区很大的一个村子做过实地调查的。他写民间调解与诉权的关系。现在回头来看民间调解研究，有项目支持系统研究的，这是比较早的文章啦。后来我指导我的学生的硕士论文、博士论文写民间调解，遗憾的是他们毕业之后就改行了。所以民间调解这方面的重要著作不是我们出版的，都是人家出的。这个题目虽然你看到了，但是没有成为系统的专著，你的影响力也就减弱了。去年出版《中国法律传统的再认识》，我把民间调解与中国法律传统，我写的这部分，用到里面了，作一个历史纪念。

这三部分的选题，家法族规、民族法规，都是从家族关系、民族关系、民间社会出发选题的。你们读博士第一个就是面临选题的问题，我选题目，首先就是从生活出发，不是从理论出发，不拘泥于西方法学理论怎么讲，中国法学理论怎么讲。因为我从小就生活在家族关系、民族关系所在的乡村社会里，在我们那样一个很小的村子，几十年里是没有案件的，不要说刑事案件，民事案件都没有。如果一般的争吵，一个有威望的老人调解就解决了。这样的一个生活环境使我知道这样的选题，是有社会生活基础的。读研究生之后，我又看了那些对家族制度论述、对民族问题论述、对民间社会的论述，我觉得这种选题是有社会根基的。我把这种选题方法总结为"生活经历与文献记载互证"，把我的生活经历和调查经验、文献记载互证，把它提高到一种方法论上来认识。

第四部分、法史学术。从学科史这个角度写的几篇文章。包括写的书评，我也放在里面了。其中第一篇《杨鸿烈与中国法律史学》，发表在《法学家》1994年第3期。当时还没有人写过杨鸿烈的纪念文章，我写这个文章，主要是因为杨鸿烈是云南晋宁人。我在本科的时候，发现我们那么偏远的地方竟然还出了这么一位学者，后来一看他是梁启超的学生。有两个云南的学者，姜亮夫是王国维的学生，他是梁启超的学生。在《梁启超年谱长编》里，还收有杨鸿烈的信。这个就是在本科的时候引导我走入法制史的乡贤啦，所以我应该给他写一篇纪念的文章。我写杨鸿烈，完全是从正面写啦，写了以后，到2000年的时候，贺卫方老师开了一个会，中山大学的徐忠明老师写了一篇文章，从负面批评，批评得很重，说杨鸿烈对比较法方法都没有了解。恰恰那天是一个很冷的冬天，12月份，我骑自行车在路上又被撞了一下，可能心里就带着点火，衣服被刮破了，羽绒往外飞。到了那儿评议，一看他贬低杨鸿烈，我就火啦，用了很严厉的词语。我的意思就是说，你不能用我们今天的比较法的观点看民国时候的学者，看他的方法是对不对。如果要用今天的观点，你可以说司马迁也不行，没有学马克思主义方法论。（大家笑）《资治通鉴》也不行。但是说的语气很严厉，那次是张文显主持，现在他已经是很有权威的人物，还有中秋也出席了。中秋下来说："师兄，你说得太严厉了。"过后中山大学有个研究生在网上写骂我的文字，我的研究生发现，说您以后参加会议要注意，不要评得太激烈。（大家笑）

所以评议人是不容易的。后来何勤华、范忠信对杨鸿烈都从正面评价比较多。杨鸿烈的论著缺点很多，但他是开创者，开创者写得粗一点，那是肯定的。中国法律思想史是学界没有写过通史的，内容、体例都是开创性的著作，要从这个角度上认识他。也是在这篇的基础上我才写了《二十世纪中国法律史学论纲》，这是在 1993 年云南大学法律系让我去作一次讲座"中国法律史学的历史与现状"的基础之上写的。李贵连老师给我登在《中外法学》1997年第3期。《中外法学》还给了一个优秀论文奖。我当时就想着是不是可以把这个研究的方向写一个中国法律史学通论这样的书，实际上是做了一个大的构想。写法律史学通论，要读很多现在的书，不光阅读量很大，主要是评价就要得罪人了，这是一个难题。所以我只是写了这篇文章，后来就没有写书。但是后来参加会议，又写了《中国法史学的基础问题反思》，《政法论坛》发的。还有《梁启超的中国法史学观》，写了两万多字，在我之前还没有人写这么多。范忠信写过一个认识，但在法史这部分没有多写。后来华东政法把梁启超的法史文章单独出了小册子。

下一篇《法史学著作的典范》，这是读滋贺秀三《中国家族法原理》写的。我在这个时候才注意了，滋贺秀三他们研究法制史的方式和我们研究的区别。我写梁启超、杨鸿烈，也是注意了民国时候跟我们现在研究的区别。所以从学术史的角度上看有这样的认知意义。还有《重读〈中国法律与中国社会〉》，这是读瞿同祖先生的著作，不多介绍了。下面写的是几个书评，李贵连老师写的《沈家本年谱长编》、苏亦工老师写的《明清律典与条例》。下周二苏亦工老师要来这儿做一个讲座，我接到顾元院长的电话，让我作一个评议人。这个《明清律典与条例》，我在 2000 年就给他写过一个书评，所以我会把他下周讲的题目，结合这个书评来讲，如果下周你们愿意去就听一听。苏亦工老师的讲座，还是值得听一下的。还有《法史学评论的范式问题》，这个是批评徐忠明文章的，没有收入我的文集里，因为我觉得还是不要收入批评式的文章。但是作为目录，我把它放在这里了。《小议〈民本与民权〉的几个问题》，这个是批评夏勇文章的。夏勇出了《中国民权》，一本很厚的书。我发的批评文字，都没有收入论文集。还有下面这几篇，是我这几年给博士生讲方法论课的反思。一个是《写法史学论文的反思》，发在我们院的《中华法系》第七卷了。在我写《清代民族立法研究》再版附录里面，我把它收进去了。实际上是对写法史学论文，从硕士论文到博士论文，整个写作的一个反思。我力图把它上升到一个理论上来认识。

第 13 篇《中国传统法律体系和法律变通》，这是个讲座提纲，在我们院里讲过，又在 2018 年 9 月法史学年会上讲过。但是当时讲这个提纲的时候，没有形成文章，讲的时候也没有学生给录音，所以就失传了。现在有同学录音，记下来之后整理一下，也能形成文章。

第 14 篇是《学位论文的典范》，这个在政法大学出版社将要给我出版的《中国传统刑法》，放到附录后面了。这个是读王名扬先生的博士论文的体会。著名的行政法学家王名扬先生写的博士学位论文《中国法上公务员对行政相对人的民事责任》，这是翻译过来后我们才知道的。一个行政法学家在 1953 年法国巴黎大学就靠写这篇博士论文毕业的，可以说这是一篇法制史论文。他写这个行政法中的民事责任，引的材料是唐律、清律，还有民国时候大理院的判例为主，这算是法制史材料的论文。树立了一个从法学角度写法制史论文的典范。如果不是对行政法钻研得那么深，提不出来那些问题。

第 15 篇《法史学论文的选题及论证》。这个也被我附在《中国传统刑法》附录里。这也是我这些年讲课的提纲，把它整理成文了。

第16篇《中国传统刑法的发展线索与主要特点》，这个是我在2016年承担了"中国传统刑法"项目之后，院里让我作一次讲座。这是申巍博士作的记录，她记录得挺完整。记录整理出来，可以作为文章。我本来以为今天可以拿到新书，后来上午得知还没有到。新书后面的附录部分，我准备是要复印给大家，作目录参考资料的。

这个就是我在法史学术方面大大小小的十六篇文章。

第五部分，法律思想。我发了这么几篇：《儒家的家族主义》，发在《自修大学》1986年第1期，比较早了。这个是1984年上"中国法律思想史"硕士生课的时候写的一个结课作业，只有3000多字。我写家法族规的学位论文，家法族规背后的整个思想部分的材料是要自己读的。我在写《儒家的家族主义》时，才第一次把《论语》《孟子》《礼记》《大戴礼记》《孝经》，还有《颜氏家训》里凡是涉及孝的材料完全集中起来写。多年之后，我才发现有人专门将《论语》里面的孝，《礼记》里面的孝、《孝经》里面的孝写成论文。我把孝整合到家族主义里面，虽然是发在《自修大学》上的一篇小论文，但我自己认为这是我的一篇很重要的论文。后来收在《中华法系的再认识》论文集里面。

第二篇《儒家的礼治思想》。2002年高教出版社约我编一个教材，我在2003年"非典"期间，用了半年多时间一个人编的，就是《中国法律思想简史》，高教出版社出的那个红色封面的书，出过3版，《儒家的礼治思想》是其中的一部分。还有《沈家本法学思想近代化简议》《法家法治思想的再评说》《法典概念在晚清论著中的运用》，这几篇都是法律思想方面的选题。都是参加具体会议之后，又用在学报上的。《华东政法大学学报》给我发过三篇文字，李秀清老师作主编的时候。两篇是短文，后面一篇涉及会典是一个长的文章。

第六部分，法律体系。《中国传统法典与法律体系反思》，是2010年张先生八十华诞的时候写的祝寿文章。让我写张先生关于法律体系的理论思想，要写一万字以上。我写的这篇得到了先生的认可，收入了他八十华诞论文集。这一篇我又收入了《中国古代法律体系新论》一书中。往年我就是拿这一篇作法律体系的讲稿。我的写法不是就张先生写张先生，是从清末沈家本、梁启超、戴炎辉，一直到张先生，这些杰出的人物是怎样认识法律体系的，是放在学术史里面写的。

下面一篇《中国法律体系认识的发展》，是我好几次讲这个课的讲稿和参加会议的短文组合起来的三万多字的论文，放在这书里面了。还有《中国传统律典的协调适用原则》，发在《中华法系》，我们院刊的第九卷里。这里面有一些原则，有些材料是第一手发现的，有些不是，是人家论述过的。我写这些协调适用原则，"本条别有制""断罪无正条""断罪引律令格式正文""断罪引新颁律"，这四大原则，多年编写法制史，并没有一个学者把它作为律典里面协调的四项重大原则集中论述，归纳到一起来综论。归纳到一起来综论就突出它在法律体系里的作用，一个是法律形式律令格式等的相互关系，一个是律典内部的原则协调关系。所以我讲法律体系，一个是外部形式的关系，一个是它的内部原则，内部原则主要就是这四项。这四项原则都有人分别论述过，也不是我首先论述的。所以我采取了一种学术史梳理，就是民国学者是怎么论述的，台湾学者怎么论述的，我们大陆学者怎么论述的，再加上我自己的评议，所以在学术史梳理当中发现、提出新的问题，也是一种写法。

还有两篇综论中华法系特点和生命力的论文，也与法律体系有关，不具体说了。了解相关问题可以看看。

第七部分，法律作用。《中国古代法典作用的再探讨》，收入这个书里了。还有《令在中国古代的作用》。我不是专门写一个朝代的，因为令在中国古代的作用，资料比较多的就是唐朝，令典虽然没有保存下来，但有日本学者整理的《唐令拾遗》。我是把它与律典里相交互的部分条文，对照地写出了令在建构律令法系中的作用。我写出来之后发现，南京大学毕业的李玉生的《唐令与中华法系研究》，已经从另外的角度也写了相关的问题，所以我这个文章发到《中外法学》，我特别注明阅读这个文章时候，同时要注意参考他那篇文章，看看我们从不同的角度是怎样论述的。因为我主要是从令的作用这个角度讲，还是有一点不同的。

后面的《大清会典三问》。这篇文章是《华东政法大学学报》给我发在 2015 年第 6 期。院里开会，我写

《大清会典编纂的意义》，写了不到1万字，后来发现和杨一凡老师、何勤华老师、滋贺秀三都有一些辨析，我就另外又写了一部分，凑上去就成超过1万字的论文。也是为了应付考评，我就把一篇长的文章拆成两篇发。结果放了很久，没有给我发，我就问李秀清老师，她说现在编辑都是年轻人，他们看了一个说是分量尚不够，一个是有些观点不同意，可能不能发。我后来就把和杨一凡老师商榷的、和何勤华老师商榷的，还有和其他的历史学者商榷的这部分加进去了，成了一篇完整的文字。这个文章在2015年我们院建院三十周年的时候，我提交了。这篇论文应该算是我一生中，五十岁以后的重要论文，可以和前面的家法族规、民族法规相提并论的同样级别的论文。虽然它没有发在《中国社会科学》《中国法学》上面，但是可能是在我写作的最高水平上，就达到这个程度了。当然也是有意识的选择，选择跟这几位法史界的大会长商榷。《华东政法大学学报》发了以后，杨一凡先生写了一篇文章，专门谈法律体系的观点，也发在《华东政法大学学报》上。另外他的博士后在《中外法学》上发了一篇很长的文章论《大清会典》。杨老师不提我的名字，他主要阐述他的观点。他的这位博士后把我文章挑出几点来作为批评对象。《中外法学》法制史编辑正好来徐世虹老师这儿参加一个答辩。我看到他说，你发他这个文章，他批评我是没有问题的，文章就是要批评的，但是他不能把我的观点掐头去尾地批评，主要观点放在一边，次要观点拿出来批评。我说这在学术上就不是完整地引对方的观点了。他说那你写一篇跟他商榷吧，我不愿写了。如果你们愿意看前面的商榷，可以找《清代法律体系辨析》这本书来看。我个人写这个书是不够的，我指导的博士生沈本宝写了《清代则例适用研究》，因为清代则例的种类不知道有多少种，近千种。他只是把最主要的几十种系统看了之后，就把则例的适用方式、适用原则、则例与会典的关系、与律典的关系的材料都考证清楚了。我把他写的这篇博士论文，又加上我写的大清会典、律典的文章就合成这本书了。

第八部分，法律变通，这是我近几年思考的问题。我把以前相关的问题都合在这儿了。我写到法律体系、《大清会典三问》的时候，已经到退休年龄了。法律变通知道一些相关的问题，正常怎么适用，变通怎么适用，这是一个广阔的领域，它可以开拓出很多的问题。每个朝代变通不一样，每个时期变通不一样。但我自己已经无力再完成这么大的工程了。所以我交给现在我指导的博士生，先从清朝的法律的变通适用写出博士论文。前面一个学生写的就是《清朝法律在彝族地区的变通适用》。这个法律体系和法律变通写了之后，我自己希望在这个上面提炼出中国法律体系学和法律变通学。这种法律体系学和法律变通学不是从国外搬一套法学理论来写成法律体系学和法律变通学，而是从我们中国历代的法律形式的相互关系和法制实践、变通适用的材料里，系统研究之后提炼出的中国法律体系学和法律变通学。我是这么想的。

我们只是就清朝的核心问题写出了著作，其他的唐朝的律令关系写出了论文，其他还有很多朝代，不是一个人的力量能够完成的。所以在年会上发言的时候，我说这不是一个人能够完成的，是法史学界要看到，从先秦一直到汉唐明清以来的历朝历代的各种法律形式的相互关系或变通适用，都有系统的论文和专著出现之后，我们对这些论文和专著再提炼之后，可能才会写出中国法律体系学和法律变通学。这种书在我的理想当中，不是一个很厚的大著作，而是像穗积陈重的《法典论》那样的一本小书。穗积陈重是世界级的法学家，他的代表作《法律进化论》是一本厚书，但是他的《法典论》不到十万字。《法典论》把欧洲历史上法典的编纂经验、中国律典编纂的经验，都提炼出法典编纂的基本原理。念着他那个书，并没有什么玄妙的理论，但都是在前面研究成果里提炼的。不是一个纯粹的从概念到概念、从理论到理论那样的一个著作。如果我们中国的学者能够写出穗积陈重《法典论》的那种书，我认为我们中国就出了世界级的法学家了。

下面是学位论文的选题问题。我个人认为这些选题，每一个都是涉及着当时写得比较少的一个专题。并且这些专题，有些可能还有继续开拓的价值。我顺着把这些题目介绍一下。

我是1996年开始担任硕士生导师的。第一个硕士生的学位论文《清末军事立法简论》。如果这个学生继续上博士之后写这个领域，又会写出新的专著来。他后来考入大知识产权法博士了，工作几年后不读法制史了，改行了。但是这个 1996 年研究军事法史，算是比较早的了。后来军事法制史才有人写成很厚的著作。

第二个硕士生的学位论文是《藏传佛教对藏区法制的影响》，以前也很少有人这么写过。毕业后做律师，也改行了。这种题目没有再写下去，影响就小了。

第三个的学位论文《清代典权制度初步研究》，是民法里面很具体的问题，是陈志红写的。她现在是北大法学院图书馆馆长。她在我这儿读了硕士，又到贺卫方老师那儿读了外国法制史的博士。没有继续在这个选题上写论著。

第四个是《清代的法律解释》，是陈新宇写的。他现在清华大学工作，和苏亦工老师在一起，前不久还来这儿讲座了。他在我这里读硕士，又到北大李贵连老师那儿读博士。他现在找到了一个高平台，能够继续法制史的研究了。我是希望他把历代法律解释写成一个很厚重的专著。他如果写出这样一个书，在这个领域里，他就是一个权威了。但是他到李老师那里，写比附制度，写罪刑法定主义方面的博士论文。后来他又关注现代,《寻找法律史上的失踪者》写成很畅销的书。法律解释是法史学术性很强的一个选题,自己的学生没有把它写成一个很厚重的著作,我也没有力量写了!

第五个是《金代法律的渊源及其运用》,这个学生也改行了。后来到过南北极考察,是专门处理法律事务的科学工作者。

第六个是《清代发遣制度研究》,后来又读了张先生的博士。

第七个《近代中国立宪的变化》,后来也读了张先生的博士。

第八个《近代中国民法基本原则简论》,韩冰写的硕士论文。博士论文她写《近代中国民法原则研究》。这样硕士论文和博士论文连接起来,她就把近代民法原则研究得比较系统了。后来她到了社科院世界经济与政治研究所,专门研究国际贸易法。这篇法制史论文收进了《晚清法制改革的规律性探索》的项目中9万多字,只收进了一部分。这个也是我指导的学生当中,论文写得比较好的。

第九个写《清代调解制度》。我是希望他把调解制度写成一个专著，他毕业之后到法院工作，也不再写法史论文了。后来看到人大研究生写的传统调解制度，中南政法研究生写的都出了专著。所以在我这儿，只是一篇论文，没有成大气候。只是先写了这个题目。

第十个是《民国的调解制度》。我当时的设计是写本中国调解制度通史，写出来就成一本大书。这位硕士生后来考了知识产权法博士，也改行了。

下面是博士论文的选题。2003年招的第一个博士生李凤鸣，学位论文是《清代州县官吏的司法责任》。他现在南京工业大学工作，也讲法制史课。他这个书由复旦大学出版社出了。

第二个《近代中国民法原则研究》。就是刚才说的韩冰写的。没有出专门的书，主要内容收在"晚清法制改革的规律性探索"的项目里。

第三个《清代民事纠纷的民间调处研究》，胡谦写的。他这个出版了，但了解的人不多。

第四个是《清代买卖契约研究》，是由中国社会科学出版社出的。刘高勇这篇论文是写得比较扎实的。但他工作的单位是广东韩山师范学院，学校是个老学校，但毕竟这个学校不是重点大学的平台，加上毕业后他又转了教宪法课，没有再研究法制史，也改行了。当时有历史学者各种契约都写，那种还是一个概论。我想一种一种地写，写成专著，汇编起来就成气候了，成丛书了。总算是出了一本好书吧。

第五个《清代审判纠错机制研究》，李燕写的，这个题目是选得不错的。我招了两个外语学院毕业的学生，当时就是觉得我的外语弱，应该招两个外语比较强的，能把我们的研究成果介绍出去。但是外语好的同学历史功底、古文献功底都比较弱，考上来之后，完成学位论文都不容易啦，不要说还翻译我们的作品。

第六个《清代丧葬法律与习俗》，刘冰雪写的。这个台湾出版社给她出了。她现在国家图书馆的研究部，还可以从事研究工作。

第七个王亚敏写的《近代中国侵权行为法研究》，她是在高教出版社作编辑，作了六七年后，又去社科院读博士后，又重新选择了。

第八个《清代西部宗教立法研究》，田庆锋写的，现在他在西北师范大学教书，还可以继续教法制史。人民出版社已经给他出了书。

第九个《资政院与晚清法制改革》，杨小莹写的，她现在云南大学法学院，到了我的家乡作老师。我经常嘱咐她：要不负云大！

哦，前面还有戴馥鸿的《宪政编查馆与晚清法制改革》。学生有选宋朝的，也有选清朝、明朝的，学生想写哪一朝就写哪一朝，后来为什么连续都选了晚清的呢？2007年我没有项目，那年就不让我招生了。我已经招了7个博士，我说总算是当过博导了（大家笑），可以啦，我也就不再申请了。到了年底，院里基地有个项目《晚清法制改革的规律性探索》交给我主持。主持了这个项目才又接着招生。因为已经过了招生的报名期限，所以报张先生的一个叫田庆锋的学生，转给了我。田庆锋刚转过来的时候，我看得出他不是那么高兴的。（大家笑）但是他在我这儿，正好我有个和民族大学合作的横向项目"中国古代民族自治研究"，我就让他写了一部分，写的是藏族地方法制。那个书在他读书期间2009年出版了，他用这个成果申请了教育部青年基金项目。他是在读博士二年级就申请了一个教育部青年基金项目，那本书帮了他的忙，他对我一下子有了好感。（大家笑）另外我让他写清代西部宗教立法研究，很少有人那么写过，这个西部宗教立法后来又在人民出版社出了。所以他现在来北京拜访两个导师，先拜访张先生，再来拜访我。

石璠写的《宋代老年人法律保护研究》，石璠是广东东莞理工学院的老师。在东莞那个地方搜索到那么丰富的材料，写了那么多。她是在职的，学习一段时间就回去了。我问她怎么搜集的，她说现在材料在网上都有电子版的。我一下子明白，我们这一代人要被下一代年轻人淘汰掉了，他们已经不用翻我们那么多的书了。电子版里搜集了那么多老年人的材料。她的硕士论文写的是宋代保护弱势群体的法律措施，弱势群体太多了，我说题目太大了，我们现在正在关注老年人的未来，不光是中国的问题，整个世界都关注，她觉得集中题目好，后来就写得非常集中。这也是我指导的博士论文中题目选得好的，像买卖契约、民法原则、司法责任、宗教立法、老年人保护，这些都是选题选得比较好的。

周春雷写《宋代漕运制度研究》，他现在河北大学，也作律师。律师比老师的法律知识厉害。

沈成宝写《清代则例适用研究》，跟我合著了《清代法律体系辨析》。

孙斌写《清代因案生例考》。沈成宝和孙斌的论文，我认为是我在担任博导后期指导的两篇优秀的论文。我与他们合著，分工写作，明确署名。孙斌那个论文，主要内容收入《中国传统刑法》。三人合著，前言说明各自分工，封面上并列署名，就是为了表示对各自著作权的尊重。

王虹懿写《清代法律在彝族地区的适用》，她现在中国民航大学，论文主要内容也收进"中国传统刑法"项目中。

还有现在在研的三个。《宋代官吏处罚制度研究》，黄山杉写的。陈泉廷写《明清刑法教育研究》，他在我们学校校办工作，忙得一塌糊涂，没时间看法史书，现在在职博士都要读四年了。还有申巍，她也是在职的，写清代刑法变通适用的论文。古代法律体系只是我自己的论文集，还有跟学生合写的著作。法律变通还没有写出著作，我都没有写出论文。但是我看到那是一个广阔的领域，我是希望学生开发出系列成果的。

下面我做一个总的说明，我指导的博士生十八个，李凤鸣的学位论文由复旦大学出版社 2007 年出版，田庆锋的学位论文由人民出版社 2014 年出版，刘高勇的学位论文由中国社会科学出版社 2016 年出版，石瑶、刘冰雪、沈成宝的学位论文收入台湾"古代历史文化研究辑刊"第十六编第十二册、第十七编第二十一册、第十八编第十一册。 中国历史研究院，像一个殿堂式的一栋楼，举行七十年成果展。列有台湾"古代历史文化研究辑刊"系列的书。他们的书可以进入历史研究院七十年展览，我们三位的博士论文在那个系列里不是平等的嘛，只是我们没有那么大的一个像殿堂的地方展出。因为三篇论文在台出版，台湾这个出版社的社长来大陆的时候，就让他的秘书打电话，说我选的那几篇论文很有眼光，希望我继续选。他们出这三本书不要补贴钱的，免费出的。我觉得我的学生能在这里出三本也就够了，后面的也不要在这里出了，争取在其他系列里出。

这个就是我对我写的文章、我学生写的文章做的目录。这样的一次交流，我自个儿认为对你们选题是有参考价值的。

后面是针对友谊宾馆会议中谈到的五大问题的讲解：

友谊宾馆开这个会上，让我作个评议。我在评议中提出了五大问题，这五大问题是可以做专题来讲的。我挑出几点觉得值得你们参考的来谈谈。有时候参加会议，自己要是没有文稿，就是一个口头发言，又没有记录，那过去就忘记了。像我去年在徐州那么重要的年会上的发言，没有记录，也没有一个录音，过后也没有整理成文，时间久了就忘记了。

我这个发言，虽然是评议他们四位老师的发言，但我想了一下，应该有一个总的评议，就把我这几十年关注的五个大的问题提出来。这五个大的问题，在他们发言里也都有涉及。

这五个问题是：中华法系生命力的重新认识问题、中国法律现代化路径选择的重新认识问题、中国法律儒家化意义的重新认识问题、中国历代法律体系的传承和变革的认识问题、中国历代法律的变通适用的认识问题。可以说是我几十年研究，写作论文、专著和参加项目，到最后我把这些提炼出来，我个人认为最值得我重视的五个大的问题。应该这么说，这五个问题是我接触过的，也是学界有或多或少的论著的重大问题。像中华法系生命力的重新认识，我出的那本书就叫《中华法系的再认识》，法律出版社在2002年出的。出的时候是13块钱。我看现在网上有的店标价到100多块钱了，也有七八十块钱的。这个重新认识不是这次会议才提出的。素来认识中华法系都是从法律体系的角度认识的，以《唐律疏议》作为代表作来认识。我没有限于从法律体系角度思考，我是从法律传统角度来认识中华法系的。所以我在前言里就说了，中华法系是在华夏族文化基础之上形成的法律传统。所以认识中华法系的视角不光是成文法体系，是把文化传统、政治传统、法律传统，包括宗教传统，综合性的这样一个视角来认识中华法系的。所以我把家法族规、民族法规、民间调解都收在中华法系传统认识里。

法律现代化路径选择的重新认识，就是承担我刚才说的《晚清法制改革的规律性探索》的项目的认识。

结合讲课，从中国古代法律体系的发展，写到现代六法体系的认识和发展。都是对法律现代化路径选择的重新认识。

第三个，中国法律儒家化意义的重新认识问题。这个在我编写法制史教材时，原想按照成文化运动、儒家化运动、现代化运动三次大的运动为主干写中国法制通史。高教出版社编辑说，现在这个教材要和其他教材保持统一，尤其是人民大学曾宪义老师主编的教材统一。他是国家教育委员会法学的主任委员，要跟他们的教材统一，方便学生考试用。你不能完全按照你的三次大的运动，写出一个你个人构想的教材来，还得按照他们那个体系。所以我是按照他们那个体系写了一个通俗化的教材。但在有的部分里，是把我的这种思路写进去了。现在看到有些厉害的学者对儒家化过程持质疑的态度，发表否定的文章，所以针对这个，那天发言我的重点是放在第三个问题上。如果否定法律儒家化，就要对《周礼》、律典、令典、会典这一个系统都考察清楚。《周礼》的内容很广泛，有行政制度、经济制度、法律制度，什么都有。《周礼》的经济制度影响都不在律典的范围内，是在令典的范围内。《周礼》与传统文化，写的人有，但是真正系统地写出《周礼》对中国传统法律的影响，写得很深入、细致，并且提炼出法学角度的重大问题的这种书，还是没有的。现在我没有招到学生写，我想我退休了，总得找一本耐读的书看，"三礼"的书，我买得比较多，干脆我自个儿来写这个问题。题目就写"《周礼》与中华法系"或"《周礼》与传统法制"。我现在就读这本书。这种书耐读，好消磨时间，退休了不接受考评再精读慢写。

第六个问题，中国历代法律作用的重新认识问题。那天发言之前，我想到第六个问题了。中秋老师坐在我旁边，我跟他说了一句话，转头就忘记了，忘记第六个问题究竟是什么问题了。所以那天评议，我就只念了五个问题。第六个就是中国历代法律作用的重新认识问题。我以前写的明清家法族规的作用、中国律典的作用、令典的作用、会典的作用，都是讲传统法律的作用。

第七个问题就是《周礼》的重新认识问题。我现在把《周礼》称为传统中国最伟大的法学著作。在微信圈里，我看到有同行对这个认识点赞，也有的视若无睹，不以为然。说是最伟大的法学著作就得论证，为什么它比管子、荀子那些著作还要伟大呢？比《唐律疏议》还要伟大呢？你得论证。所以第七个问题，就是这种经典著作在法律史上的意义的重新认识问题。它本来只是一部优秀的著作，后来被朝廷认可了，把它提到经典的地位，并且提到"三礼"之首，它在法律史上产生了非凡的意义。学界有人说它是周公编的，有人认为是战国时候编的，有人认为是伪造的。即使它是一部伪造的书，它成了经典之后，为什么对后来影响那么大啊。《古文尚书》到清朝才发现它是"伪古文尚书"，它已经在中国历史上作为正统经典支配了千多年了。民法学家方流芳老师说，清末的中国是"误译治国"。翻译过来的意思跟西方原典不一样，但是"误译"支配认识。《尚书》有部分是伪书。为什么它变成经典之后发生了这么大的影响呢？我们现在常说："民惟邦本，本固邦宁。"这个就是在《伪古文尚书》里。但现在讲民本思想，都大量引用它。关键是它后来适合儒家的需要，儒家也以它为根据，不断阐发，不断注释，形成了不断丰富的论述。《周礼》就是这样，经过不断注释之后，影响到传统法制的各个方面。

我发了两个提纲，你们看了有什么问题，愿意交流可以再交流。

（课堂问答部分未整理）

法律史学的分类认识 [1]

古代法律体系综论的题目交流多年了，每年的内容都有些变化。今年增加了法律史学的分类认识的内容，是关于法史学科的体系问题，也是认识法律体系的法史基础问题。为什么要增加这一节内容呢？我看到许多法史学论文，经常是从某一个点或某一个方面选择题目，很难多角度、多层次地认识法律史学，很难认识立体的法律史学，论文往往限于直线式的平面式的法律史学认识。为了认识法律史学的各个方面，认识立体的法律史学，我根据法史学界的研究情况，把中国法律史学分为六类认识。

第一类　根据时代分类

一般分为法律通史和法律断代史。法律通史的代表

1　为免学生录音整理辛劳，我把讲稿写成口述体。2020 年 10 月 29 日下午交流于法大科研楼 A820 室（法律史学研究院会议室）。

作是张晋藩先生主编的《中国法制通史》和张国华先生主编的《中国法律思想通史》。从学科体系看，主要注意通史的分期问题。在何种理论指导下论述分期问题？哪些朝代合在一起写，哪些分开写？其历史依据是什么？法律依据是什么？

民国时期的法史名家陈顾远和杨鸿烈关于中国法制史和中国法律思想史分期的论述值得特别注意。陈顾远在 1934 年出版的《中国法制史》和 1964 年出版的《中国法制史概要》中，都专门谈了法制史的分期问题。段秋关老师为商务印书馆新出版的陈顾远的《中国法制史概要》写的经典导读中，专门评论了陈顾远的法制史分期论述，和对他写法制史著作的影响，值得细读。

1997 年《中外法学》第三期发表我写的《二十世纪中国法律史学论纲》，专门评述了陈顾远关于法制通史分期的观点：陈顾远提出了三项应当遵守的原则，一是"不应妄依朝代兴亡而求中国法制之变迁"。他认为："历代法制彼此相应之点，密密相接，如环无端，实居其大部分"，如果一律依朝代横断为书，则难于会通古今，认识法制演变的连续性。二是"不应专依或种标准而言中国法制之变迁"。他认为，在中国史的分期还没有统一的认识标准之前，如果要说明中国法制变迁的阶段，只有暂时从法制本身的性质去考察，即"从中国法制之变迁中，求中国法制史之阶段"。三是"不应偶依个人主观而述中国法制之变迁"。他批评了当时有关中国法制史分期的若干主观性的见解，提出了自己认识中国法制演变的主张。他认为，就整个的中国法制史而言，其变化主要有三种：即"变法"之变，"法统"之变，"律学"之变。这三种变化是各种法制变化的根本。其中，变法之变是最大的变动。变法无论成功还是失败，在中国法制史上都有重要的意义。"成功，则开展百千年法制之局面，不成功，亦有其彪炳之事业，为后世所深思者在。"他认为中国法制史上最大的变法是秦商鞅变法和清末变法，其次是汉代王莽变法和宋代王安石变法。法统之变是较小的变动。他论述了从法经到秦汉律一直到明清律的变化情况，就以律为代表的中国古代法律系统的演变提出了具体的看法。关于律学之变，陈氏认为，了解律学的盛衰，有助于推知法律的兴替；了解律家的派别，有助于认识法律的精神。他在系统地考察了律学演变的轨迹之后，精辟地总结说："故自法学之衰，继以律学，律学之微，沦入刑幕，此实数千年来之最大变迹也。虽然，刑幕之为人鄙视，律学之终归不振，则又与法学之自秦以后，不再兴盛，有其绝大关系。法学何以一败至此？当然不外受儒家思想打击甚深所致。因之，后世之法，虽具有所谓法家思想之形骸，而其精神在大体上则皆儒家思想化矣。此种结果之价值估定，正自难说。然儒家思想影响于中国之法制，使其卓然成一法系，则为事实。"陈顾远关于变法之变，法统之变和律学之变的精辟论述，至今仍值得法律史学者格外重视。

这是 1997 年我的论文的转述和评论，今天再强调三点：第一，陈顾远重视认识法制演变的连续性，反对依朝代兴亡而求中国法制之变迁。这是很有道理的，但要注意：朝代兴亡是客观的历史存在，依朝代分期就是尊重历史的客观性。只要我们把各个朝代有联系的制度和变化了的制度都分专题说清楚，依朝代分期，朝代为纲、制度为目仍是当代很多法史学者采用的著作体例。需要说明的是，哪些朝代主要制度继承为主，可以合在一起写，哪些朝代主要制度变化较大，应当分别撰写，都要说明理由，解释清楚。第二，陈顾远主张"从中国法制之变迁中，求中国法制史之阶段"。这突出了法制史的学科特点，应当继续坚持这种认识。第三，陈顾远认为"法统之变是较小的变动"，只注意了律典系统的变化，没有注意会典系统的变化，是其不足之处。

杨鸿烈根据中国法律思想演变的特点，并结合各个时代学派的变化情况，将中国法律思想分为四个时期：殷周萌芽时代、儒墨道法诸家对立时代、儒家独霸时代、欧美法系入侵时代。这种分期法，至今仍受到中国法律史学者的尊重，并对当代中国法律思想史教材体系的安排产生了影响。但要注意，杨著所说"儒家独霸时代"，"独霸"一语概括有差误，应是以儒家为正统的时代，还吸收了法家、道家等多种学派的观点。当代法律思想史著作对此已有更正。

新中国学者进行法史分期研究的基本理论是五种社会形态的理论。1985 年之前的法史学论著是在五种社会形态理论的支配下分期的。这在大学法史学教材体例的安排上表现最为突出。五种社会形态理论对揭示不同历史时期法律的本质和特点，有其深刻之处。但难以解释不同历史时期法律的继承性和相同性。认为是中国奴隶社会的礼的基本原则、刑法的主要原则、婚姻继承制度的主要原则，在中国封建社会里形式上变化不大，也没有本质的变化。五种社会形态理论割裂了不同历史时期法律的连续性，并造成了很多法律史论著以论代史的缺陷。近年有的法律史论著用传统法制和现代法制的分期代替五种社会形态理论的分期，但对传统法制不同时期的区别，还没有公认的统一用语。有的教材用奠基时期、发展时期、鼎盛时期、继承和转变时期概括传统法制的不同阶段，也存在不符合历史实际的地方。如律典的编纂在唐朝就达到鼎盛时期，会典的编纂到清朝才达到鼎盛时期。很多制度的鼎盛时期是不相同的，是分布在不同的朝代的。

法律断代史的代表作是张晋藩先生主编的《清朝法制史》（中华书局 1998 年版）。注意本书内容的分类体系，不全是按现代部门法的体系分类。有刑法、民法等部门法的内容，也有民族法、皇族法等专题法的内容，是部门法和专题法共同组成的内容体系。

第二类　根据语言分类

可以分为古典法律史与现代法律史。

提出这种分类的缘由是：

历代留传的法制史著述，有的是用古代汉语撰写的体现古人法律观念的法制史，有的是用现代汉语撰写的体现今人法律观念的法制史。前者记述的法制史可以称为古典的法制史，后者记述的法制史可以称为现代的法制史。这两类法制史采用的语言，在形式方面有许多不同，在含义方面有许多差异，需要认真辨析，方能沟通古今，获得确切的认识。

提出这种分类的意义是：

一、许多重要法律概念，古今词语形式相同，含义却不尽相同，需要严格区别，才不会误认误读。如法典、宪法、刑法、判例等概念。法典概念的含义，见《孔子家语·五刑》："礼度既陈，五教毕修，而民犹或未化，尚必明其法典，以申固之。"此文献中所说的"法典"，是法令典章的简称，是以刑法禁令为主的单行法令的汇编，与近代意义的严密的系统性的法典很不相同。宪法概念的含义，见《国语·晋语九》："赏善罚奸，国之宪法也。"此中所说的"宪法"，是各种法令的统称，非现代意义的宪法。刑法概念的含义，见《汉书·刑法志》："礼教不立，刑法不明。"《汉书》中的"刑法"概念，有时是各种法律的统称，有时单指"刑罚"之意，与现代意义的刑法概念不完全对应。判例概念的含义，见《抱朴子》卷第三一《省烦》："今五礼混挠，杂饰纷错……旧儒寻案，犹多所滞……考校判例，尝有穷年，竟不黇了。"此中所说的"判例"，指各种成例、成案，非现代意义的判例。

二、一些法律形式的解释，古代的解释难于直接转化为现代的解释，需要结合具体制度，增加解释内容，才能获得准确的全面的认识。如唐宋时期对律、令、格、式的解释。

三、古代汉语表述的一些制度或真实存在后来消失，或出于想象原无实迹，用现代汉语难于准确转述，需要综合考察，才能获得较清楚的认识。如象刑及多种礼制。

第三类　根据部门分类

部门法史研究视角的选择和运用，始于 20 世纪初日本学者的有关著作。日本学者织田万写的《清国行政法泛论》、浅井虎夫写的《支那法制史》等著作，是运用西方近代部门法的体系和理论研究中国传统法史问题的早期作品。这些著作的分类认识为梁启超等中国学者先后采用，成为中国现代法律史学分类的主要标准。部门法史分类的认识，既有国外近代法学分类理论的影响，也有中国传统法律史料存在特点的内部原因。中国传统社会诸法合体的法典和典制体史学方面的著作，为中国现代部门法史的研究提供了刑事、民事、行政和经济方面的法律史料，客观上形成了部门法史研究能够利用的历史基础。但近代以来，许多中国学者从部门法的理论出发，大量分析评论中国传统法律史料，使中国传统法律史学带上了过分浓厚的现代色彩。有些观点如古代罪行法定主义说、古代行政法典说、判例法传统说等，掩盖了中国传统法律史学的真相，增加了准确认识传统法史问题的难度。特别是简单地从现代部门法体系出发，随意选择分割传统法典内容和法律体系，使传统法律体系的整体性和历史性受到了破坏，导致了许多认识的主观性和结论的片面性。在中国民法史、经济法史、行政法史的研究方面表现尤其突出。我在1998年提交南京师范大学召开的法律现代化研讨会的论文提纲《部门法史研究的改进》中，即指出了部门法史研究方法存在的问题和改进的建议。我当时认为：用现代法学知识去分析古代法律问题，首先要尊重古人的法律观念，不要随意将今人的法律观念强加于古人。其次要尊重古代法律体系和法律传统的整体性，不要抓住片断史料随意发挥，以致提出违背古代法律基本精神的论点。如中国古代法律重视个人权利之说等类。还要深化对中国法律史研究目的和层次的认识。研究中国法律史，不一定要与现实政治需要相结合，与现行部门法接轨才有价值，能够提供一种了解中国法律演变过程和法律传统特点的知识，提供一种法学理论基础方面的知识也是有价值的。勉强地去发掘古代法制的借鉴价值和在当代社会的应用价值，往往会使法律史研究沦为现实政治行为的廉价工具而丧失其学术价值。同时要改变以部门法史体系一统天下的教材编写模式，增加专题法史、法社会史和法文化史方面的内容，从而丰富中国法律史教材的内容。并把部门法史研究的重心放在近现代，减少部门法史研究溯古的内容。并加强对部门法史研究的评论，减少重复研究，分清部门法史与政治史、经济史和社会史研究方面的界限，改变部门法史学附属于历史学的地位。今天重新反思法史学研究方法的改进问题，我仍然坚持上述看法的基本立场。但应进一步说明的是，除要改进部门法史的研究方法之外，还要改进用现代法理学的一般概念去比附批评中国传统法史学概念的问题，如用现代法治概念去比附批评中国古代的法治概念和礼治概念方面的问题。有必要特别说明的是，尽管用现代法学知识去分析说明中国传统法史问题表现出很多缺点，但这种视角的选择和法学研究方法的运用仍是形成和坚持中国法史学独立学科品格的主要路径。引进社会学、经济学等学科的研究方法，会丰富中国法史学的研究方法，增加分析法史问题的广度和深度，但不能代替法学研究方法的主导地位，不能改变形成中国法史学独立品格的学科发展要求。[1]

第四类　根据专题分类

专题法史的研究，涉及面很广。有的专题是法律史上存在的专名，如律、令、格、式等。有的专题是今人提炼的专名，如家族法、民族法、行会法、契约法等等。

我在 1997 年发表的《二十世纪中国法律史学论纲》一文中对专题法史有专门的评论："关于法律学派的研究，已发表有研究儒家法思想、法家法思想方面的论著。关于法制于人物和法学家的研究，已发表有研究孔子、薛允升、沈家本、孙中山等人的论著。关于法律形式方面的研究，已发表有研究明大诰问题、清代律例关系问题方面的论著。关于专门制度方面的研究，已发表有研究秦代刑罚制度、明清司法制度、古代婚姻制度和古代监狱制度方面的论著。关于专门法领域的研究，已发表有研究清代宗族法、清代民族法和各少数民族习惯法方面的论著。专题法史的研究是根据

1　刘广安：《中国法史学基础问题反思》，载于《政法论坛》2006 年第 1 期。

古代法律存在的实际情况所做的分类研究，是现代法律史学研究中最为活跃的方面，也是中国法律史学发展和提高的基础所在。在专题法史方面进行系统性的、具有开拓意义的研究工作，应成为中国法律史学者的当务之急。只有在专题研究方面积累了丰厚的成果，获得了比较大的突破，断代法律史和法律通史以及部门法史的研究才会有可靠的依据和坚实的基础。现代法律史学在学科奠基工作完成之后，法律史学者要想在短期内又在宏观设计方面、体系建造方面开宗立派是十分困难的。可能要经过几代学者在专题研究方面更加实实在在的研究之后，在中观问题和微观问题方面更加细致深入的考察之后，才有希望出现新的开宗立派的法律史学大师。新的法律史学大师，一定要能整合历代法律史专题研究的成果，写出真正能够贯通古今融会中西法律史学的巨著来，才会成为世界级的法学家，才会使中国法律史学象罗马法律史学那样，成为世界法学发展的基础学科之一。"[1]

---

[1] 刘广安：《二十世纪中国法律史学论纲》，载于《中外法学》1997年第3期。

近些年专题法史的论著发表很多，超过其他分类的法史著作。我是坚持专题法史研究的，先后研究过家法族规、民族法规、民间调解、律典作用、令典作用、会典作用等专题。指导学生的博士学位论文都是专题法史方面的，题目都收录在 2019 年出版的《中国传统刑法》的附录中了。大家可以查看参考。

第五类　根据存在状态分类

一、理想的法律史与现实的法律史

提出这一分类的缘由：

中国历史上的法制史料，有的主要反映了法制的理想，如《周礼》中的若干制度，《唐六典》和历代法典中的某些制度。有的主要反映了法制的现实，如历代特别法的许多内容和司法判决中的大量史料。如果侧重选择反映法制理想的史料研究，看到的就会主要是理想的法制史的面貌和特点。如果侧重选择反映法制现实的史料研究，看到的就会主要是现实的法制史的面貌和特点。我们既要考察反映法制理想的史料，也要考察反映法制现实的史料，才能全面地认识中国法制史的面貌和特点。

提出这一分类的意义：

1．认识法制史料中存在的理想的法制史与现实的法制史的差异。

2．减少片面运用法制史料得出片面的结论。

二、公开的法律史与秘密的法律史

提出这一分类的缘由：

在阅读中国法律史料的过程中，我们看到有的法律史料在历史上是公开的，如历代法典、法规汇编和案例汇编等，给我们展现的是公开的法律史的面貌和特点。有的则是秘密的，如某些特别法、习惯法和宫廷秘折、讼师秘本等，给我们透露的是秘密的法律史的面貌和特点。只看公开的史料，不看秘密的史料，就不能看清中国法律史的全貌和各种特点。为认识中国法律史的不同面貌和各种特点，我们不仅要认识公开的法律史，而且要认识秘密的法律史。

提出这一分类的意义：

1．认识公开法律史的主要特点。

重视法律的统一性和权威性的建立。

重视法律的稳定性和灵活性的调控。

2．认识秘密法律史的主要特点。

法律的不确定性和不可预测性问题。

第六类　根据学科关系分类

现代学科发展很快，交叉学科出的新著更多。

一、法律社会史

法史学与社会学相结合的研究，出现了法律社会史著作。瞿同祖先生的《中国法律与中国社会》树立了典范。自中国法律史学科建立以来，沈家本、梁启超、程树德、杨鸿烈、陈顾远的法律史著作，只论述成文的法律史制度，没有结合案例论述。瞿先生的著作注重成文法律与案例的结合研究，注重法律的社会作用和施行效果，使静态的法律史变成了动态的法律史，在中国法律史学发展史上有开辟新领域新视野的意义，也是法律社会史在中国的奠基著作。后来的模仿者，没有达到瞿老这部著作的水平。

瞿老这本著作的学术意义，我作过专门的论述。[1]

二、法律文化史

法史学与文化学结合的研究，出现了法律文化史的著作。近年出版不少。因对文化学的内涵和外延的认识差别很大，相关著作的内容差别很大，有各说各话、自说自话的特点。

三、法律文献史

法史学与文献学结合的研究，出现了法律文献史的著作。如果说法史学是法学的基础学科，法律文献史学就是法史学的基础学科。法律文献史的著作不只是考证材料，还要提炼出理论认识。不提炼出理论认识，就是只筑了地基，没有建成房子。

---

1 刘广安：《重读〈中国法律与中国社会〉》，载于台湾法制史学会、中研院历史语言研究所主编《法制史研究》第十五期，2009 年 6 月出版。

四、法律思想史

法学与思想史的结合研究，出现了法律思想史的著作。

五、法律制度史

法学与制度史的结合研究，出现了法律制度史的著作。近年出现法律思想史和法律制度史合编的教材。各有研究对象和特点，分别编写有利学科的深化。

六、法律学术史

法学与学术史的结合研究，出现了法律学术史的著作。中国法学史、中国律学史、中国法律史学评论都发表了一些论著。

以上各类法史论著都要接受时间的检验，接受专家评论和引证的检验，才可以确定哪些是经典，哪些不是经典。过早地过急地自称经典，或出版社为了营销宣传制造一些经典系列，都是不可确定的，需要再观察的。

评议实录

"回顾与前瞻：中国法律史学七十年研究"学术研讨会

时间：2019 年 10 月 26 日星期六　上午

地点：北京友谊宾馆友谊宫第九会议室

论文报告人：

刘海年《回顾与展望：七十年中国法律史学的发展与新发展》

段秋关《重研史实，重述法史，重建史识》

王宏治《略评 70 年来国内出版的几部中国刑法史》

李　力《七十年来金文法律文献整理与研究的回顾与反思》

评议人：郭成伟、刘广安、陈晓枫、蒋传光

刘广安教授评议发言：

刚才几位老师就法律制度史、法律思想史和法律文献史提出了很卓越的意见。我主要想提出这么几点看法：

在这三大领域里面，我们要提炼出一些重大理论意义的问题进行深化和创新。我现在想到的主要是这样的几个问题。

第一个就是中华法系生命力的重新认识问题。不是重复过去那些中华法系已经形成的观点，要重新认识。

第二个，中国法律现代化路径选择的重新认识问题。从清末选择、民国选择一直到现在选择的重新认识问题。

第三个问题是，中国法律儒家化意义的重新认识问题。我已经注意到一些学者对法律儒家化提出了一些质疑，杨一凡老师写了一些文章。但我看到这种质疑说服力还不够，主要是《周礼》、历代的令典和会典的影响这个系统，但还没有看到系统的著作出现。我觉得把《周礼》这个系统研究了、成果都已经展现了之后，我们再重新看中国法律儒家化的意义。因为这个意义的否定，关系太重大，这是我们法律制度史教材的重大变革。在我给高教出版社编写的教材中，我就是把习惯法的成文化、成文法的儒家化、古典法的近代化作为三次大的运动，叫做成文化运动、儒家化运动、现代化运动。如果把儒家化否定了，这个教材整个就要有重大的变革，但是他们现在的论证，我认为还不足以否定儒家化这个重大意义的理论问题。

第四，就是中国历代法律体系的传承和变革问题。我和博士生就清代法律体系的核心问题：律典、令典、会典，写了一个清代法律体系的专著，我刚才注意到段秋关老师在他的这个发言稿里，还引了我们的这个专著。这给了我很大的一个奖项，我要这么说。因为我们北大七九级上法律思想史课时，张国华老师主讲先秦法律思想，段秋关老师讲秦汉至清朝法律思想，李贵连老师讲近代法律思想。他们做研究生，同时也是我们本科生的老师。所以刚才我看到他引我们这个著作，比法律史学会发给我一个奖都高兴。

第五个问题就是中国历代法律变通适用的问题，不是指正常适用，而是指正常适用之外的变通适用。我希望我现在招的博士生能够就这个问题写出系统的著作来。

还有刚才宏治教授讲的对历代刑法史的一个梳理。

中国政法大学出版社帮助我们新出了一本书，昨天发过来一个封面，就是《中国传统刑法》。在2016年的时候，张先生支持我申报了一个项目。如果不申报这个项目，我到2017年满六十，我当时就写申请准备退休了，我不愿意再接受这种考评制度了。先生说你再搞一个项目，所以在2016年年底就搞了个传统刑法方面的项目。张先生希望我们用这个项目写出新的刑法通史，但是现在我招的学生以及我本人的精力、体力问题，这个刑法通史比较困难。但是我们写了中国传统刑法的发展线索、生成方式与变通适用。在生成方式中，对清代的因案生例问题做了系统深入的考察。在变通适用里，选择典型的案例作了分析。在这个发展线索里，我们对传统刑法思想的发展、传统刑法体系的发展、传统刑法解释的发展也提出了新的见解。所以在传统刑法史研究得很深很久的这棵老树上，看来还是能开出新花的。我就说到这里。

（博士生申巍录音整理）

谈谈清代八议制度的存废问题

讲座时间：2019 年 11 月 19 日（星期二）14：30

讲座地点：学院路综合科研楼 A820

主办单位：中国政法大学法律史学研究院

讲座人：苏亦工　清华大学法学院教授

主持人：顾　元　中国政法大学法律史学研究院教授

与谈人：刘广安　中国政法大学法律史学研究院教授

与谈内容：

我们院现在有个不成文的惯例，60 岁以上的人可以自愿选择是否听讲座。张先生在 60 岁以后呢，我们都没有觉得他老，但是我过了 62 岁以后，我是晚上不能睡觉，白天经常睡，所以你看到我刚才在这坐得实际上头都昏了，腰也疼了。但我还是要尽力谈一点看法，因为苏老师也是交往多年的老朋友了。

苏老师为什么选择八议制度这样一个问题来给我们

交流呢？我想主要是八议制度本身的重要性，吸引他选择给我们做交流。要是一般的制度，在历史上废止啦，或者是改变啦，对于传统法制的基本精神和本质特征不会有多大的影响。但八议制度如果是有变动、有废止，就会影响到传统法制的基本精神和本质特征的问题。在我看来，十恶制度才能够与八议制度相提并论。其他像五刑制度、六赃制度，甚至包括会审制度，对于传统法制的本质影响都不能与八议制度相比。我是从这个角度上来看苏老师选择这个问题的。不光是他研究了很多年，而且这个制度本身是一个认识中国传统法制的基本精神和本质特征的重要问题。这是我谈的第一点感受。

另外八议制度这个问题，在历史上是一个很古老的制度。研究的人是比较多的。有从等级关系角度写的，从儒家思想角度写的，从权利关系角度写的，还有从法律体系角度写的，都在从各种角度解释八议制度。但真正把这些解释的视角综合起来，把史学和法学的视角综合起来解释，还是苏老师写这个论文树立的典范。这还不是我现在说这个话。在2000年我给苏老师的《明清律典与条例》写了一个书评，登载在《中外法学》2000年的第2期上，现在都快20年了。写这个书评的缘故，我说明一下。当时贺卫方老师作《中外法学》的主编，他说每一期都应该有一篇不落俗套的书评，他曾经在做《比较法研究》的编辑的时候发过我给李贵连老师写的书评。我写书评是模仿杨联陞老师写书评的那个模式的。不是用什么选题新颖、史料详实这种套话，是从书本身的内容里面提炼出一种观点来进行评论。贺老师当时向我推荐了几本书，其中包括徐忠明的、范忠信的、苏老师的。我就选择苏老师这本书来评了。

这个评论的第一段话，我是写了这么几句综合性的认识：

"具有法学修养而缺少史学修养的学者，讨论法制史问题时，难于作出具有史学深度的解释。具有史学修养而缺少法学修养的学者，讨论法制史问题时，又难于作出具有法学深度的解释。本书作者是一位既具有法学修养又具有史学修养的学者，他撰写的《明清律典与条例》是一部具有法学深度又具有史学深度的著作，是一部值得细读值得推重的优秀著作。"

"法学与史学结合"，我当时写这段话，自己是没有犹豫过的。但是"值得细读"，"细读"这两个字，我还有点犹豫了。"细读"在我看来，古代只有经书值得细读，史书、子书和集部书都很难说"值得细读"。所以说"细读"是一个很高的评价。因此我把"值得细读"改成"值得阅读"，我当时给硕士生讲课，2000年我还不是博士生导师，就把书评当一次课给学生讲。当时硕士生里头有两个比较优秀的学生，一个是现在北大的陈志红，还有一个是现在清华的陈新宇。他们听了之后说："评价这么优秀的著作还是不要吝啬赞词。"所以我还是用了"细读"。我今天看了，这个"细读"幸亏没改，改了之后就欠了很大的人情。

刚才他说了，1987年就写了这个八议制度，那个我没有看过。1992年发在《法学研究》上，我也没注意到。我注意到的就是2000年出的《明清律典与条例》，其中有一章两万多字，就是八议制度，我就是在这本书里看的。前面的，我没有看到。现在过了这么多年，近20年，他又在《法学研究》上发表了这么一篇重量级论文，这篇论文我都还没有细读完，但是其中涉及《周礼》这部分，我还是特别关注了。

当年书评的前面两千多字，都是对苏老师这部书的具体正面的评价。但后面也有一千字左右是商榷式的评价。商榷式评价这部分，就涉及八议制度、儒家化这个问题的认识。儒家化这个认识，今天我听了苏老师讲的，结合儒家化的这个话题，或是一种视角，他讲得少，但是在他的这本书里面，他是有专门的论述。这是他当时对儒家化怎么看。但是后来怎么看，我没有和苏老师交流过。我现在把当时评论的这一段念一下：

作者在法律儒家化问题上的否定性断语，是我所不敢苟同的。作者认为："儒家思想的精髓'仁'，从来没有被'儒家化了'的律典所接受过；法家思想的真谛'严刑酷罚'、'重刑轻罪'也从来没有被'儒家化'了的律典所抛弃过。"他还进一步指出："所谓中国法律的儒家化不过是一种假象，不过是用儒家思想的一些微不足道的皮毛粉饰和遮掩赤裸裸的重刑主义的虚伪策略罢了。"历代帝王们"从来没有需要过儒家的政治理想，他们所需要的只是儒家的道德外衣和捧哏角色"。

并且不留余地总结说:"总而言之,中国古代的法律儒家化是表面上的、虚假的儒家化,也就是所谓的'阳儒阴法'。"

下面是我谈自己的看法:

我以为,作者对儒法关系的理解过于拘泥于其对立的方面了。实际上,儒法两家在维护以君权为核心的国家主义和维护以父权为核心的家族主义的重大问题上是有共识之处的。甚至在重刑治国的思想上也是存在通融的地方的。儒家推崇的礼制的主要内容丧服之制,自晋代以来,一直是历代王朝律典定罪量刑的基本依据。所以,中国传统法律的儒家化不是表面的、虚假的,而是深刻的、真实的。所谓"阳儒阴法"只是不同历史情况下统治策略的侧重而已,不足以此否定中国传统法律儒家化的制度性问题。至于儒家思想的精髓"仁",是由"孝梯""忠恕""爱人"等内容构成的。"孝"是中国传统法律的理论基础之一,也是儒家化了的律典历代所接受的、所具体化了的内容。历代律典对人的生命价值的重视、对家庭传承的重视,也体现了"仁"的精神。

这个就是当时看了他的书，对于儒家化这一段，我认为是值得商榷的。儒家化这个问题，我最近注意到杨一凡老师新发表的文章，说他和他的学生将要出一本书，把质疑儒家化、否定儒家化的文章集中在里面。我现在还没有看到。上次在友谊宾馆开会，让我评议，我也是特别提出这一点。杨老师和他的学生现在把明清的会典提升为一种宪法性的传统法典。明清会典前面的序言、皇帝的谕旨都明确说，这就是模仿、继承《尚书》《周礼》来的，《周礼》继承得还多一点。《周礼》既然是儒家化的经典，那《周礼》对明清会典这么大的影响，怎么否定儒家化呢？儒家化，我认为主要还是在主流制度上有影响，不是说所有制度都有影响。所以最近我比较关注《周礼》，就是因为他们对儒家化这个否定，我看明清会典的时候写过文章，我回头这么来看的。我对《周礼》本身它的真伪、源头，我都是看前辈学者的考证，我自己没有着重考证。我关注的是：《周礼》即使是一本伪书，它为什么后来对制度产生了那么多的深刻的影响？中国有伪书治国的传统，《尚书》直到清朝才证明说是伪的《尚书》，但是已经

作为统治思想，治了那么多年的国了。所以它的影响
这部分，我注意到郝铁川写的《周礼与传统文化》，但
是郝铁川的书涉及面很广，每一部分和《周礼》联系，
那种联系的史料的论证、内容衔接性不够，所以我关
注的是《周礼》对后面的影响，特别是对律典、令典、
会典编纂的体例和内容的影响。我们以前说到明清律
典，律典变成六部体制，由以罪统刑变成以行政机构
统刑的编法，都说是引用了美国学者的说法，说这是
行政制度支配司法，但我看更重要的还是受《周礼》
的影响，不光律典由十二篇体例变成六部体例，受《周
礼》影响，会典就更不用说了。所以我这个评议主要
从儒家化方面谈一点看法，仅供参考。

（博士生申巍录音整理）

传统人伦关系下的民事关系基本格局

时间：2019 年 11 月 25 日晚上 19：00—21：00

地点：科研楼 A913 室

主讲人：范忠信教授

主持人：张守东教授

与谈人：赵晓耕教授；刘广安教授

与谈内容：

姜老师事先已经把你今天讲的这个课件发给我了。看得我眼睛花，难以看完，但是我大致知道你讲的内容。前几次，到我们院里来作讲座，晓耕老师来讲，让我做与谈人，苏亦工老师来，也让我做与谈人，我都没有写一个文字的准备提纲。你远道而来，我比较慎重，还写了一个文字的提纲。（从上衣口袋里掏出一张纸；大家鼓掌、笑）这个活动要在晚饭后举行，我这个人一旦吃了饭以后容易忘词。（大家笑）

我谈两点认识。一个是五伦之内的民事关系。你刚才已经说了很多。五伦之内的民事关系，在传统社会里只是一部分民事关系，甚至数量上来说，还是比较少的，这个我就不多说了。我说的是，五伦之外的民事关系，这个在中国古代民事关系中，在数量上还是一个主体部分。这个五伦之外的民事关系，一个是重要财产关系，古代很早就有了中人制度、书面契约，如果涉及重大房产、田产，已经很早就有"先房亲，次乡邻"的习惯规则，这个是受到身份关系影响啦。但是一般财产的交易，日常用品的交易，吃的用品、穿的用品，还有一般生产工具的交易，这个是没有中人制度，也不要书面契约的，也不会考虑身份关系，这主要的是在集市贸易上完成。那么，集市贸易上完成的这一部分，都是口头契约当面完成的。但是口头契约现在流传下来的资料分散，没有人整理出来。我在2005年指导一个博士生写清代买卖契约研究，我给他说，这个书面契约得写，口头契约也得写。他说书面契约容易找到，口头契约分散，写不了。但是口头契约这部分是交流一般生活用品最主要的部分。那么这一部分遵循的原则是什么呢？我们现在用集市贸易这种俗语来说，就是"随行就市、当面议价、一手交钱、一手交货"，这些都是传统的民间俗语。这些传统的民间俗语主要是指在陌生人之间的交易。在这个一般财产的交易，我认为是体现了平等精神，有个人意思自治这个表达的。这个不光是一般市场或集市给我的感受。因为在我童年时代，我摆了好几年摊。我面对的都是陌生人。我也没有考虑到陌生人哪个是当领导的，哪个是你刚才说的吃商品粮，来的都是要在我面前讲价。甚至前面一个讲的价跟后面的不一样，因为不同的时间来讲价。所以在这儿，讲价完全是自我掌握。你要接受我这个也行，不接受也行。像我们隔壁前几年的金五星这儿，这个就是传统的集市贸易。这种集市贸易传统存在得很多。像我买这个帽子，我今天去他要这个钱，明天我去他又涨了价了，都得接受他。但是"一手交钱、一手交货"这样的一个仪式完成之后就不能随便反悔了，反悔可能当事人就觉得有一点理亏了。所以这种随行就市的民事关系背后一定是市场的供求关系。他这个价格也不是说是官方定的、国家定的，是根据今天来买这个帽子的人，少了他就涨一下，多了他又减一下。背后还是市场的作用决定的这个民事关系。这种一般财产的交易的背后都是有与现在民事关系相融合的平等精神和自由精神的，同时要讲诚信。你认为你这个帽子本身不是皮做的，是个假的，你卖给我了，我发现的时候不是皮做的，那就是有一个担保问题。这样的一个质量担保，在《唐律疏议》里面就有，现在完全是靠现场，要跟他说什么质量，他也给你承诺说是纯的皮做的，这个是要负责的，背后是有诚信要负责的。所以对一般财产交易的这种背后的诚信精神或平等精神或意志表达的自由，我认为在中国整个买卖关系存在以后就是一直存在。只是说是在哪个时代商品经济发展得多一点、少一点，对集市贸易的管理严一点、松一点，现在看传统社会对集市贸易的管理，国家只是限制私卖武器、皇家用品，还有有害善良风俗的物品，像黄赌毒这些物品，这是集市贸易上有限制的。传统社会很少有其他限制，其他对议价的问题，或具体当事人之间，双方交流是自由的。这是一个广阔的空间。这个口头契约这部分，一般财产、日用品交流这部分是中国传统民事关系中的数量庞大的部分。而这部分由于难找现成材料，在整个民法史学界中恰恰是研究的薄弱。现在出的民法史，一看都是成文的户婚田土规定，然后是成文的契约，我觉得整个我的童年生活是在口头契约中，真正口头契约这部分没有民法史写出来。所以我今天来说的就是，对五伦关系之外的民事关系要专门研究。

另外五伦这个概念是儒家独有的概念，它把五伦和人伦是等同的，其他墨道法都不把人伦仅仅限制在五伦范围内。五伦只是儒家占主导地位的思想体系上的概念，它把五伦和人伦等同了。就是按儒家这个占主导思想体系来说，还有一个五伦关系之外的大量的民事关系存在，是靠市场的习俗也好，规则也好，来调剂的。这部分是我们还要深入研究的。

五伦关系主要不是解决民事关系的。真正制约民事关系的是历朝历代重农抑商的政治政策和经济政策。这个重农抑商的政治政策和经济政策制约了商品经济的发展，导致了民事关系的不发展，导致了集市贸易的萎缩和不发展。所以它跟五伦是有这个区别。制约民事关系格局的重心或基础，我和你有共识，也有不同，就是在这儿。

我刚才说的一般财产的交易是不要中人的，就是当面议价。田涛分析这种口头契约，实际上也没有太多的材料。但是他说了一个理由，我记得是说，民间自己塑造了一个财神、关老爷，所以我们今天这个交易是有关老爷在那儿保证信誉的。但这只是一个途径。我觉得可能还是民间习俗，不同地方有不同习俗。为什么说"五里不同风，十里不同俗"呢？你这个地方有自己的习俗。你说的这个"五伦"是在儒家汉语社会里头；在少数民族社会里头，儒家的说法他不知道。很多少数民族靠什么交流生活用品呢？靠当地的习俗，也不是关老爷。

（博士生申巍录音整理）

讲座实录

中国传统刑法的发展线索及主要特点[1]

讲座时间：2019 年 5 月 14 日下午

讲座地点：法大科研楼 A820

主持人（顾元老师）： 今天刘老师给我们做报告，是应学院要求。学院要求每位专职教授要做报告，交流近期研究心得和成果。这一期是第 16 期第 2 轮。刘老师今天报告的题目是《中国传统刑法的发展线索及主要特点》。这个题目刘老师准备得特别充分，题目和内容改了好几回。接下来，我们有请刘老师给我们做

---

1 博士生申巍录音整理，已经讲者审定。

讲座。(掌声)

刘老师：打了两份提纲，《基地项目研究汇报——传统刑法研究的进展情况》。我当时是想把这个项目的研究进展，和以前完成的情况综合起来汇报一下，就比较轻松一点。所以我把这个项目中我写的这一部分，即发展线索的 6 章的小结，打印了出来。打印之后觉得作为讲座，重点不太突出，所以 5 月 2 日又把题目调整了一下，集中讲《传统刑法的发展线索及主要特点》。在我的微信圈里也可以看到，题目改了几次。因为传统刑法的研究很多，老题目要想写出新意，有点费劲。我现在就按照《中国传统刑法的发展线索及主要特点》的提纲来跟大家交流。每一条线索，选择 2—3 个特点来交流。有的特点很重要，但是研究的人很多，我也没有什么新意，就点到为止；有的我做简略的说明。刑法解释这部分，我近期关注得多一点，所以交流的时间主要用在刑法解释线索这部分。

第一条线索，传统刑法思想发展线索的主要特点。我提炼了两个贯穿始终的特点：一个是德刑关系的认识贯穿始终，一个是罪刑关系的认识贯穿始终。德刑关系这条线索，这些年写的人太多了，我没有新的补充意见，只是把它提出来，作为一个重要的线索。今天不在这条线索上多说什么问题。第二条线索，罪刑关系的认识线索，不仅贯穿传统刑法认识的始终，一直影响到现代。这条线索我选了几个重要的观点来谈我的认识，一个是商鞅提出的"轻罪重刑"的主张，是一个罪刑关系影响很大的观点。这个观点，韩非和李斯后来都做了进一步的解释和论证，并投入到实践当中。我在《中国法律思想简史》那本书里对这个线索用了比较多的字数来写。在秦朝灭亡之后，公开提"轻罪重刑"思想的，没有见到直接的主张。朱熹主张"严刑峻法"，朱元璋主张"重典治国"，都是作为"明刑弼教"来强调立法从严、执法从严。但我们看到，到清末沈家本修律的时候，他的《删除律例内重法折》和《历代刑法考》里涉及的重刑制度、重刑评论，看到这么一个现象，在主导思想上没有人再主张"轻罪重刑"，但实际上在法制实践中，存在着刑重罪轻的传统。《删除律例内重法折》里面的酷刑，比一般的刑罚要重。还有就是涉及到文字狱，罪名和比附的刑罚是偏重的。

这可能就是史学界所说的中国古代法制史上的"外儒内法"。"外儒内法"这个标题，是当初申请课题时院里加上去的，可能在这方面反映的就是"外儒内法"。"外儒内法"这个抽象概括性的说法，不知道是哪一个史学者最初提炼出这么一个观点的。是不是写志书的史学者提炼出来这一个观点，后来的法制史论著里就一直这么用。"外儒内法"，这个问题，涉及到申请这一项目的标题用了这个词，我做说明，就是在"轻罪重刑"已经不是主导思想之后，实际上还存在着重刑传统。

"外儒内法"不能解释法律思想的其他重要观点，我特别举出荀子提出的"罪刑相称"的主张。荀子对"轻罪重刑"这一观点没有在著作中公开批判，但实际上否定了这一主张。他提出"罪刑相称"这个主张，从正面反面进行了系统论证。罪刑相称对治国有什么好处，罪刑不相称对治国有什么坏处。在他系统论证之后，"罪刑相称"这一法律主张为后世正统思想基本继承。这一主张与清末从大陆法系引进的相关主张可以衔接起来，已经是一个正面价值的主张。同时，传统刑法发展过程中并列存在着一个主张"同罪异罚"。

"同罪异罚"不只是思想主张，同时也转化为大家熟悉的制度，服制制度、"八议"制度就是这种思想的体现。"同罪异罚"与"罪刑相称"是冲突的，它不是法家的主张，是儒家的主张。所以用"外儒内法"这样一个概括性的用语来表达，来说明中国传统刑法的特点有局限性。只能说明某一时段某一方面是"外儒内法"。另外一方面，就可能超出了这个用语的范围。这是我谈这两条线索的时候，提出的问题。

第二条线索，传统法律体系发展线索的主要特点，我总结了三个特点。

第一个是以律典为中心，其他形式为补充。这里遇到的问题是，编志书的作者认为宋朝是"以敕破律"、清朝是"以例代律"。那么这个"以敕破律""以例代律"的观点，是不是把传统刑法以律典为中心的地位动摇了呢？我看值得重新审定这两个观点的涵义和范围。"以敕破律""以例代律"只是少数情况，不是废弃或者代替了律典本身。我注意到有的学者已经写了文章，多数敕、例主要还是补充律文，不是代替和废弃律文。但是敕、例那么多，附在律文后面，我们还须要对它们系统考察。《宋刑统》后面附的敕基本上是起补充作用的，还有变通作用的。《大清律例》律文后面附的例，还是以补充和变通的作用为主。所以，我还是提炼为以律典为中心，其他形式为补充。

第二个刑法体系线索的特点是以四项协调原则为标志。这四项原则，我在2017年4月份的讲座中讲法律体系与法律变通，有过专门说明。"本条别有制""断罪无正条""断罪引律令格式正文""断罪引新颁律"，这个是从律典内部确立的法律体系协调原则。因为已经谈过，就不再多说了。再补充了一个，"指导性规范与禁止性规范相配合"。增加这个特点，也是根据我写《令在中国古代的作用》的时候，看到在中国的历史上，令规定的主要是指导性规范，现在留下来的《唐令拾遗》中的令的后面部分是没有罚则的，它的罚则是律典规定的禁止性规范。违反《职员令》的行为，就到《职制律》里面适用罚则。违反《狱官令》的行为，就到《断狱律》里面适用罚则。律典中还规定有"违令罪"。从律和令这个关系，我做出这个提炼：令主要是指导性规范，律是禁止性规范。到了清代，令转化为则例这样一种形式，一般则例规定指导性规范，处分则例和律典规定禁止性规范。《吏部则例》《户部则例》规定应该做什么，指导做什么，违反之后，专门有《处分则例》，罚则是在那个部分里。如果在处分则例里没有规定的，就到《大清律例》里面去适用。这个在我前面指导的博士生沈成宝写的《清代则例适用研究》时，他对这个问题做了比较清楚的考证。这是我对传统刑法体系线索提炼的三个特点，做一个简略的说明。

第三条线索，传统刑法解释发展线索的主要特点。近期对这方面重要的论文，我看得比较细致一些。我提炼了两个特点，一个是以实用解释为主，一个是以官方解释为主。以实用解释为主，我在后面的注释里加了"以术为主"的表达。这个是看了法学家王利明写的《法律解释学》，他在书中用了传统的"术"和"道"的概念，认为如果存在"道"与"术"的区分，法律解释学主要是一门关于"术"的学问。[1] 现代法学者引用古代概念的人比较少，这就引起了我的注

1　王利明：《法律解释学》，中国人民大学出版社，2014年，第8页。

意。我也就用了他引用的"术"的概念来说明实用解释。但在他的书里,"术"的实用技术讲得多,"术"背后的"道"没有讲多少。我用"术"和"道"的概念,引进来看中国传统的刑法解释,"引经解律"在唐律《名例律》这一部分里,不是解释具体实用的方法,而是解释刑法的精神、刑法的作用的。"经义"这种解释就是"道",能不能说"引经解律"就是"术""道"并重?仔细看了引的经义,最后还是为了定罪量刑这个目的服务。所以我提炼的是:"术"后有"道","术"是以"道"为支撑的。如果没有"道"做支撑,"术"的作用就很有限。另外两种解释方式"引令解律"和"引案解律",在《唐律疏议》中数量较多一些。这两种解释方式在秦朝的《法律答问》中就有一些,但背后不是儒家的经义作为"道"。如果要寻找背后的"道",秦《法律答问》背后的道就是法家主张的法治原则。对法家的法治原则的认识,我认为它的最高原则就是"国家本位"。我现在用"国家本位"来说法家的法治原则。我写《中国法律思想简史》时,参考了政治学者的观点,认为"君主本位"的主要线索贯穿始终。因为君主是国家的象征，我在新的修改中就直接说成"国家本位"。在"国家本位"这个"道"的基础之上，儒家和法家达成了共识：君权至上，国家本位。素来说的唐律是"家族本位"，我想这是从社会基础这方面来说的。如果是从政治思想这方面说，是以"国家本位"思想为支柱的。这是对以"术"为主，"术""道"关系在传统刑法中的体现，传统名词运用的一点认识。

从解释的方式上来说，现在学界究竟有多少种解释的方式，我没有看很多。我看到何勤华教授在《中国法学史》中总结的唐朝的解释方式，是按照现代的解释方式去分析的，就是按照限制解释、扩张解释、类推解释等方式说明的。[1] 我这里是按照传统的"引案解律""引令解律""引经解律"的方式解释的。用传统方式更容易接近《唐律疏议》的特点，做了这么一点区别，这个是在解释方式上面谈的一点认识。

解释的内容主要是两方面：一是专用名词的解释，

1　何勤华：《中国法学史》（第一卷．修订本），法律出版社，2006年，第 435—450 页。

一是适用术语的解释。专用名词的解释，何勤华教授对专有名词是分成了七类。我不明白他是以一个什么标准、什么逻辑层次分成七类的。我念一下，大家会听出来。他说第一类是表示特定场所的用语；第二类是表示特定物品的用语；第三类是表示特定身份的用语；第四类是表示各种不同犯罪行为的用语；第五类是表示专门制度和法律原则的用语；第六类是表示行使政府职权事关定罪量刑方面的用语；第七类是表示司法实际部门定罪量刑标准方面的用语。我看这是在一个什么逻辑层面上，还是考虑了几个混合性的标准？我感觉他是采用了混合性的标准，因为很难在一个逻辑层面上分出这七类。尤其是第五类，专门制度和法律原则的用语。唐律里面的整个名词，基本都可以说是专门制度和法律原则。这种概括性的分类，虽然出于名家的著作，但是在分类上提炼不够。如果单看分类的标题，就不知道有些类别之间的区别。我想，如果我们做专用名词的分类，应该是在分类的标题上，马上就能看出下面的具体内容的区别。我写刑法这部分解释，就按照罪名是怎么解释的，刑名是怎么解释的，定罪量刑原则是怎么解释的，还有其他的一般的文献解释，就归于"其他解释"。这样，至少是在刑法这一个层面上的分类，我们看到罪名，就知道唐律的罪名是这样一条线索，刑名是这样一条线索，定罪量刑原则是这样一条线索，在分类的逻辑层面上是统一的。这是一点区别。

下面要说得比较多的是刑法的适用术语。刑法适用术语，我主要是细看了陈锐教授写的这篇文章《"例分八字"考释》。他在我们这儿开会讲过，后来发在《政法论坛》上，有35000多字，下了很大的功夫，写得非常系统深入。他说，"例分八字"的考察研究，法史学界还没有系统的深入的文章。我注意到何勤华教授的《中国法学史》三卷本，重点是对律学著作的概述评论，对法制人物的概述评论，刑法的适用术语"以、准、皆、各、其、及、即、若"，这个被明清律学家称作"律母"，视之为读律的基本方法的"例分八字"，他没有像专有名词那样进行分类解释。他介绍明清律学家的著作，介绍王肯堂、王明德的著作，把王肯堂、王明德对"例分八字"的认识都转述了，最后有一个简单的评语，没有细致的分析考察。在我看来，写法学史的重心要放在法律解释方面。这是整个法学史的核心，要写得多，分析多。但是他的《中国法学史》只是引述简评了"例分八字"，没有进一步深入分析。这个分析工作是陈锐教授完成的。我参加张先生主持的《中国法制通史》的项目，明朝卷那部分的立法概况是我写的，其中"立法解释"部分，只是把《大明律》里的"例分八字"的解释全文都引入书中，有简单的沿革评论，没有展开分析。这就说明我们对"例分八字"的问题还没有深入的认识。陈锐的文章，把唐朝着重解释了哪些术语，宋元明清时期的"例分八字"的解释线索，第一次系统地深入地考证清楚了。他认为：清代律学家王明德是研究"例分八字"的集大成的学者。他总结王明德研究"例分八字"的贡献：第一，王明德研究的全都是作为法律用语的八字，而没有涉及一般用语。因为前面的律学家，宋朝、元朝解释"以、准、皆、各、其、及、即、若"，有时当作一般用语解释，没有完全从法学角度去解释。他把一般用语的解释排除了，完全是解释法律用语，所以成了法律规范的词。

第二，王明德对法律中"例分八字"的运用情形进行了更为全面而详细的考察。第三，修正了前人一些不准确的说法，使得八字的解释更为正确。第四，王明德还对"例分八字"在法律中的作用及八字之间的相互关系进行了论述。陈锐对王明德总结的最后一段话的分析，有值得商榷的地方。王明德说："八字者，五刑之权衡，非五刑之正律也。""正律为体，八字为用。"意思是："八字"是适用五刑量刑轻重的一种方法，不是刑罚和罪名本身。规定刑罚和罪名的律文是主体，规定"八字"的律文是方法。王文中的"正律"是指罪名和刑罚，"八字"是指适用方法。"体、用"关系的理解没有错。陈锐认为：王明德"正律为体，八字为用"的说法不合理，理解错了。因为这八字本身就是正律，正律里提取出八个字来，只是为了突出这八个字的重要性，它们本来就处于正律之中，而非正律之外。准确的说法应当是：正律与八字的关系是内容与形式的关系，不是体、用的关系。陈锐的这种解释，是这篇文章里值得商榷的地方。

以前律学家谈这八个字，包括《大明律》里面的八个字，都是从适用的角度谈，从立法方面谈得少。王明德认为：八字是"前贤制律明义之大旨也"。八字不单是量刑适用的基本方法，同时也有制定法律明确律义的重要意义。但是关于制定法律，立法方面的意义没有展开说。陈锐这篇文章贡献最大的就是把这八个字的立法意义进行了全面分析。他把"以、准"作一组，"皆、各"作一组，"其、及"作一组，"即、若"作一组，逐一进行具体分析。他的分析不仅是史料解释贡献的意义，而且是理论意义贡献更大。大家注意一下他的结论部分。他认为："以、准"是建立了行为模式，"皆、各"是建立了结果模式。他通过前面这四个字提炼出了立法的行为模式和结果模式。后面的四个字"其、及、即、若"，是起连接作用的，他认为"若"的作用更多一些。他着重强调前面四个字的立法意义：建立行为模式和结果模式。这是前人没有说过的，完全是从法律建构意义上面来认识的。陈锐也是把这个作为主要贡献，所以他说："从现在的立法方法看，例分八字的主要作用是建构法律类型，从而使得法律体系化。"这样，他就把古代法律体系建构和现代法律体系建构的方法完全连接起来，一点也不觉得牵强附会。他还统计了现代法律里应用的这八个字，认为如果超过了这八个字，就会多余，如果少于这八个字就显得不够。所以现在立法重要条文建构的模式，他认为还是在"以、准、皆、各"这四个字的意义上建构的。这种立法模式的认识，是陈锐这篇文章在理论上的最大贡献。其他前面的律学家都没有注意过，出了那么多的律学著作，都没有提到这种立法模式上来认识。

我查了蒲老师写的《中国法制史大辞典》，他对"例分八字"解释得很详细。他后面注明，是参考了西南政法大学高绍先教授写的《中国刑法史精要》。那这八个字的现代刑法释义，是参考了高教授的解释方式。因为我没有高教授的那本书，没有对照看。蒲老师把这八个字的含义更加简化了，更加通俗地进行了解释："以"主要是依照、按照；"准"是比照；"皆"就是一律；"各"就是分别；"其"是如果；"及"是以及；"即"是即是；"若"可以说是或。现代解释更通俗，但蒲老师也发现这种更通俗的解释可能只是和传统法律的一部分内容相衔接，传统律学里面的"例分八字"的意思要比现代丰富得多。其他的用法，可能我们现代这样简化的解释还不能包含。

八字适用术语的解释，在戴炎辉的《唐律通论》中，没有把这八个字专门抽出来集中解释，他只是放在法条后面，结合到法条里面解释。陈锐考证，这是因为在唐朝，只是对"以、准、皆"这三个字专门做了解释，后面五个字没有明确解释。当时的律学家对后面五个字在法律里面的明确涵义的解释还没有到位，后面的宋元律学家才解释到位，到清朝的时候才做出更全面的解释。立法意义的解释，是到陈锐这里才做出了充分的解释。刑法解释的线索，我主要是谈陈锐对适用术语的解释，我看了他的文章得到的收获。

另外，我参加张先生主编的《中国法制通史》的写作，对传统刑法解释也总结了一段话。因为当时是1998年，还没有多少律学成果可以参考，主要是针对《大明律》的解释发表了看法：《大明律》立法者的解释非常简略，除在个别律文后加小注，做简要解释外，没有像唐宋时期那样在律文后做详细的解释。由于《大明律》的律文比唐律简核，加之立法解释过于简略，明太祖又有后世子孙不得稍议更改律文的遗训，所以明太祖之后的君臣，不得不以制定各种条例的方式来补充律文的不足。条例除单行者外，有的附于律文之后或列于律文之旁，从而逐步形成了以例辅律的刑法解释模式。（引令解律的模式到明清时期，主要是以条例附在律文后面，即所谓："律为正文，例为附注。"）从洪武三十年《大明律》中的解释和后来的《大明律附例注解》等书来看，明朝的刑法解释具有以下两个显著特点：第一，从律文字面含义进行严格解释，极少做推理和评论方面的引申解释。《唐律疏议》有引经解律的注释，《大明律》删去了引经解律的注释。（当时注意了解释律文的方式，但对"例分八字"没有进行分析。后面的引文不再念了。）

第二，明律制定者着重解释法律适用方面的具体问题，极少进行历史沿革或立法目的方面的解释。引文不念了。[1]《唐律疏议》里的经义解释、历史解释在《大

---

[1]　张晋藩主编：《中国法制通史》明卷，第一章，第27—31页。

明律》中都省略了。清律继承了明朝这种简约的解释特点，但清律主要是引条例附在律文后面起解释作用，这是在明朝基础上又有继承发展。清朝引条例解释，引的条例很多，我没有看全。让后面的博士生来看，例义解释，哪些是补充，哪些是变通，希望他们能系统考察。我只是选择几个条文看，初步得出了这个结论：《大清律例》补充解释的条例很多，涉及律文没有具体规定的各种案情，如律典第十八条"犯罪存留养亲"的律文，规定了存留养亲的基本原则，后面附列了 16 个条例，分别规定存留养亲的各种具体情况。这个主要是补充，不是"以例代律"。《清史稿》作者说的"以例代律"，是另外的条例，不是律典中附在律文后面的条例。变通解释律文的条例，有的与补充解释的条例合在一起规定，有的作出特别指明的规定。如律典第三十四条"化外人有犯"的律文，规定了化外人犯罪处罚的基本原则，后面附的 4 个条例，分别规定了蒙古地方案件变通处罚的具体情况。

传统法律的变通适用，在 2017 年我的那个讲座《传统法律体系与法律变通》，看到这个方向有广阔开拓的领域。但我自己没有力量来开拓了，我希望学生在变通适用上写出更加厚重的著作。所以现在招的博士生，就是希望他们在变通适用方面，作出既有整体认识，又有重点考察的研究成果。清代刑法的生成方式："因案生例"，孙斌博士已写了近20万字的《"因案生例"考》，已经选到这个项目里。变通适用的论文，让今天来的两位博士生正在撰写。以实用解释为主的特点，今天重点就是谈这个。

第二个特点是以官方解释为主。修律官员、司法官员的解释具有法律效力，占主导地位。私家解释的法律效力，认识空白多。汉朝的私家解律著作留下的文献少，是否有君主认可的私家解释，未看到有力的论说。到魏晋的时候，君主认可的张斐、杜预的解释，是高级司法官的解释，不是一般学者的解释。到明清时，私家注律的很多了。来交流之前，我看了杨一凡老师主编的论文集[1]，其中对私家注律的研究，有学者作出初步结论：在明清时候，没有见到君主认可私家解释

1　杨一凡主编：《日本学者中国法制史论著选》（明清卷）第237—256页。

具有法律效力的材料。但在司法实践中，地方州县官有用沈之奇的《大清律集注》作依据的。引用的集注因为没有君主的认可，有的案件报到刑部被刑部驳回，有的也没有被驳回。实践中不是每个私家注律，都有法律效力。看到的只有沈之奇的《大清律集注》在司法实践中有引用，但这种引用，比起比附典型案例的案件还是少。看了有关论文，我还是以官方解释为主，官方解释具有法律效力，占主导地位。私家解释作品很多，主要是供学习法律、宣传法律之用。

第四条线索，传统刑法原则发展线索的特点。我主要提了两点，一是以总则为基础的法典编纂传统，从《具例》到《名例律》的编纂体例的继承和变化。一般书上写得都很清楚，我只是把它当作一个重点提出来。第二就是以量刑原则为主要原则，我前面提到的在法律体系协调方面的四大协原则：本条别有制、断罪无正条、断罪引律令、断罪引新颁律。那是协调体系的重要原则，在量刑上，这些协调原则还是为故意、过失、公罪、私罪等原则服务的。从这个角度说量刑原则是主要原则。

第五条线索，传统刑罚制度发展线索的主要特点。第一个特点是以教化为目的。这个在我以前写的论文里，已经多次论述过了。《传统法典作用的再探讨》，《令在中国古代的作用》，律典、令典、会典的文章里都强调了教化的作用。"明刑弼教""刑期无刑""先教后罚"的刑罚指导思想，明清时候的普法教育，我在《中国法律传统的再认识》中，总结了六个方面的特点，就把教化这个传统作为一个重要特点做了总结。教化方面的认识说得已经很多，我想补充说的是，近期看了黄源盛老师送给我的一本书《晚清民国刑法春秋》，其中有一部分写传统刑罚的特点，他强调报应刑论和赎罪刑论这两方面最重要，后面才讲的教化，这个与我的认识有所不同。因为报应刑在中国历史上是在复仇时代和佛教传入之后有影响，还有赎罪刑，我认为中国传统没有赎罪这个观念，不是赎罪，是赎刑，是刑罚可以用钱财赎免。赎罪是基督教观念的影响，报应是佛教观念的影响。这两种都是在教化优先之后的特点，我是这样看的。这是学术认识上的不同，选择的不同吧。

第二是变通适用的较多。变通适用，我主要说了这样几种情况：因族制宜、因俗制宜、因情变通、因人变通。以前在写民族立法的时候，就接触到这些材料。前面我指导的博士生王虹懿，写《清朝法律在彝族地区的适用》，就是因族制宜、因俗制宜，她在这方面对变通进行了考察，提供了新的材料和观点。后面的因情变通，主要是亲情变通，服制定罪这一条线索，研究的论文很多了。因人变通，主要是因官员的身份变通。除"八议"中的官员外，其他没有享受八议的官员，他们在适用刑罚上要变通。我看到王名扬先生的博士学位论文，他写唐律、清律的规定中，官员的刑事责任怎样转化为民事责任，怎样转化为行政责任。他完全是用现代法律语言解释，一点也不感到牵强附会。他引用了官员犯罪的适用条款，判的是笞杖刑，多转化为罚俸或降职等行政处罚方式。这些都是把刑事处罚转化成了行政处罚，有的转化成了民事处罚，这些变通涉及到一般官员。这方面的变通适用还需要详细的考察。还有涉及到老幼废疾妇女的变通适用，这方面研究的论文比较多了。这是传统刑罚制度的发展线索，举出这两个特点作交流。

第六条线索，罪名制度发展线索的特点。我写了两点看法：一是主要罪名比较稳定。涉及危害国家政权、家族伦理、命盗重案的罪名是继承多、变化少。这个学界研究得比较多，我不再多说。第二是法外罪名较多，这个法外罪名，还没有见到有人专门对法外罪名应该在什么范围作限定，因为有些就不是按照法律的罪名定罪。传统罪名制度形成和确定于历代律典之后，超出律典范围及相关成文法律规定的罪名，有的是社会急剧变革时期的临时罪名，有的则是专制暴政横行时期的法外罪名。在变革时期，临时罪名有哪些是超出法外的罪名？暴政横行时期的罪名，如腹诽罪，也不是律文本身规定的。主要是思想方面的犯罪，有些罪名没有在律文里规定。所以到清朝的思想犯罪，都是比照大逆罪来处理的。但是它本身已经跟大逆罪名不同，沈家本就指出，一个罪重，一个罪轻，是罪刑不相称的，但是也没有说出一个新的罪名。所以我现在觉得有这样几个地方需要考证：比附援引的罪名，究竟援引的有多少罪名，还没有系统的考证。至于援引的罪名，有的是律典里有的，有的是律典里没有的，都需要系统的考证。还有"不应为"这一条，这是轻罪的处罚条文，这方面的轻罪究竟有多少罪名？这可能是不确定性罪名，都值得在这个项目的研究进程中，再进行专门的细致的考察。

（问答部分没有整理）

访谈实录

《读书人》访谈（2017年1月10日）

刘广安：《法学阶梯》这个纪念册，是1983年5月份北京大学法律学系七九级二班自费印制的。这个纪念册是由每个同学自己设计一幅图、自己想一段话编进去的。海子设计的就是这一幅图（手指纪念册），《北大往事》主编让我写海子回忆，我就是根据这幅图写了《海子的毕业留言》。我是把它跟《面朝大海 春暖花开》那首诗联系起来。因为这幅图给人看的就是海子面朝着大海了。所以我说，海子的诗与一般诗人有很大的不同，就是它有很大的预言性色彩。这么说有些很不好解释，我好像觉得命运色彩一样。这是他在1983年5月份设计这么个图，它配上这几句话："路是一支

瘦瘦的牧笛 / 把牧歌吹成渔歌 / 潮来潮去 / 我积攒叶叶白帆"。这几句诗，我认为就是他自己求学经历的一个传记，变成一种诗化的语言。这个也是他从一个校园诗人后来成为一个社会诗人的成长过程中一个重要的里程碑式的诗。这个诗呢，现在在西川编的《海子诗全集》里没有收，所以这算是一个了解海子放在一个纪念册里头、他设计的图、他写的诗、他对自我的一个认识总结，也是跟同学交流的一个很宝贵的材料了。这是我对这个纪念册的简单介绍。

海子在 1989 年 3 月 26 号在山海关辞世之后，我们是在 1989 年 3 月 31 号，嗯，我记得，骆一禾、我，还有现在中国法学会的一个同学李存捧，还有学校的一些领导一起去了山海关。在山海关，4 月 2 号写了这个《悼海生》祭文。这个祭文里面的"万丈晨曦从天而降"，这句话不是我写的，这是骆一禾在秦皇岛献给海子那个挽联："万丈晨曦从天而降。"今天我接受你们的访谈，早上一下子就看见，（展示手机今天清晨拍的朝霞，指给记者看）北京很少有这个景象。我一下子想起这句话，有一种很神奇的感觉。我住这个楼这么多年，这种从天而降的彩霞很少见到。像骆一禾、海子这种诗人在我的人生中遇到，是一种天才式的青年。他们的诗，我读过的那些诗里，有一种先知的感觉。这个是对这句话作一个说明："万丈晨曦从天而降"。

4月5号在北京，我们班的同学来看他的父母。我把这个祭文拿给同学看了，有的同学建议把祭文里面"在中国诗史上"这句话作一个修改。所以就修改成了"海子将不只是一个中国的诗人，而是一个世界的诗人，他的名字在世界的诗史上，将会与拜伦、雪莱、莱蒙托夫同列"。在1989年4月12号中国政法大学举行的海子追思会上，我读了这个祭文。当时一些老师和同学听了，有的关注了海子辞世这个事情。熊继宁后来编的《海子与法大》，专门设了一节，谈那个追思会，其中也谈了这篇祭文。他用了"如雷贯耳"这个词，他主要不是说引骆一禾的评价或者我们读海子的评价，他是对我最后对海子的辞世的死因的质疑，他记住了："海子的死因将是一个永远的谜，殉情乎？殉诗乎？殉难乎？殉道乎？其后识者再察之。"实际上像海子这样的死因，我觉得是一个谜了，这是一个综合性的问题了。我不多说这个了。

这个祭文在 2001 年 3 月 26 号，被中国政法大学文学部的一些学生要去了，登在这里。现在在熊继宁编的《海子与法大》里面，他把它收在里面，就成了一个正式公开出版的了。我的这个祭文的原件就是这样的，可以摄一下。

我在这个追思会上读了这个祭文，有一些学生就来找我了，特别是对海子诗歌的爱好者，后来有一个学生送了我这本《倾向》。这本《倾向》呢（一边翻阅该书），是海子、骆一禾逝世一周年之后，可能是北大中文系一些人编的。是不是骆一禾的夫人编的，我都不知道，是哪个同学送我的，我都记不住了。这个书送了我四五本，我也转送了其他人。其中收录了骆一禾对海子的评价。这些文章对海子后来被学界了解、社会了解，至关重要。因为在我的心目中，海子如果没有遇上骆一禾，海子对诗歌的理解不会提高那么快，如果骆一禾没有遇到海子这样天才的诗人，骆一禾的诗哲理性很强，可能不像海子的诗流传那么广。我现在把骆一禾当时写给编辑的好几封信中，我挑出其中的一封信，里面的一段话，念一下骆一禾当时对海子的评价："海子是我们祖国给世界文学贡献的一位有世界眼光的诗人，他的诗歌质量之高，是不下于许多世界性诗人的，他的价值会随着时间而得到证明，但我所担心的是，他的诗集不能问世。也就是说声誉渐隆的重新发现——那要超过他目前获得的国内优秀诗人的声望——是以有机会传到未来为先决条件的。但如果连这个传到未来的机会也没有，就无可挽回了。然而文学是一座广大的公墓，其间林立着许多无名者的墓碑，在这个价值贬值、物价上涨的年代，他被埋没的可能是现实的可能。青海的诗人昌耀从1954年到1988年的三十四年间，竟没有一篇，也就是说三十四年间，一个民族的大诗人放在面前而无人认得，这就是我们当代文学和时代环境令人发指的一个例证。这种境况对海子的危害就更大。他死得太早，可以说，是世界上的短命天才中最年轻的一个。我们都缺少机会，因为认识是会很深的，想到海子被埋没实在是令人不寒而栗。"

他们都争取出版社，希望得到人家帮助，所以争取到一个机会，出骆一禾的诗集，骆一禾放弃了出自己的诗集，出了海子的。骆一禾、海子和西川在诗界的这种友谊、这种传奇，我觉得历史上将来可能是前无古人，甚至可能是后无来者，主要是海子和骆一禾相继一个多月都故去了，因为骆一禾主要是为，海子把这个遗稿托付给了骆一禾，骆一禾在很大的压力下整理这些遗稿，脑溢血故去了。后来把这些遗稿转给西川，西川把海子的诗稿整理出版了。如果没有西川，骆一禾、海子也就被埋没了。骆一禾在我心里就是一个哲人，海子是一个天才诗人，西川真就是一个道义之士。什么叫作"义"？在西川这儿，就是体现了中国古代"仁义"的这种典范吧，在现代社会这样的典范吧。这些话都是当时骆一禾和其他诗人对海子，当时很少数人的评价："海子不但对现在和未来，而且对过去，都是有作用的诗人。在我所推重的诗人里第一位就是海子。这是北京诗人所周知的，因而在京也有一批人是不能容他的，我确实感到在他短暂的一生中，我有幸是他的友人，而不是仇人。"因为海子当时在诗界看法并不一致啊，在生前并没有获得那么多的影响。"现在海子不存在了，也永远打不倒了。他的火光不是挽歌式的，而是朝霞式的，我想他的代价却是如此高昂，不能不说是一种悲痛。"

我就挑这么一点念了。后面海子的生涯，这个都是在骆一禾5月13号写完，骆一禾随后没有多久就脑溢血故去了。这个民间的小册子后来传到社会上，在南京被两个诗歌爱好者把这个大部分内容出版了。当时没有现在这种版权意识，但是出版了之后，社会上迅速广泛地了解骆一禾和海子了。如果没有这样的一个小册子，当时在1991年很快地印了出版，等到后头慢慢地再整理出来，骆一禾和海子的声名，那还要延期才会有影响。所以这个对骆一禾、海子是一个历史上很重要的文本。这个文本就说这么多。介绍了两三个材料，都说了是吧？

记者：还有那个捐款的材料。

刘广安：捐款那个也作一个材料依据吧。这个是当时同学来到法大，海子的父母在的时候，有些同学来看，有同学建议组织在京的同学捐一点款。所以在1989年5月16号写了个《查海生同学治丧小组通告》，这个是我和李存捧，还有一个叫刘国庆的同学三个人就成立了这个小组。我们把这个捐款通告发给同学，同学来就捐款，这个是当时李存捧做的记录。当时同学们都很穷了，只有做律师的捐到 100 块钱，有些捐 20 块，10 块的也有。因为我当时还在读博士，正在毕业阶段，压力很重，还在民族大学任课，后期也就没有组织这个工作。李存捧是硕士，也正在读到紧张阶段，也忙着找工作，最后捐款也就只捐了这么多。在京的同学联系了之后，后来把这个通告打印出来，把这个捐款的名单打印出来，这个是打印稿，就由李存捧同学寄给捐款的同学，款也由李存捧寄给了海子的父母。我把这个捐款记录发到微信上，现在有些海子的爱好者，新时代的爱好者，他们看了心酸的！就在那个时候还（有这些捐款）。这个是学生编的叫《法大人》的刊物，这一刊物，第一版主要登海子的诗，3 月 26 号是海子的纪念日。当时有人介绍说，当年有他同学写过海子祭词，在追思会上念过，你们去找他。他们就找我，我就打印了份给他们，把我的这个打印出来。这个（打印稿）改过两个字，比起那个上面的，那个是"无数星球"，这个改成"千百星球"。我再念一下，怎么样？

记者：好啊。

"海生，安徽怀宁独秀同乡人，十五之龄腾飞于未名湖畔，二十五之年，陨落于山海关下。海生以短暂年华纵横于文史哲美法诸学科之间，而以诗作横绝于世。海生前期的诗美而纯，海生后期的诗奇而烈。其美胜于夏花，其纯近于晶莹，其奇若万丈晨曦从天而降，其烈似千百星球凌空而炸。海生的诗，将是中国诗史上的一个可望而不可即的奇峰，海生将不只是一个时代的诗人，而是一个世纪的诗人。将不只是一个中国的诗人，而是一个世界的诗人。他的名字在世界诗史上将会与拜伦、雪莱、莱蒙托夫同列，海子的死因将是一个永远的谜，殉情乎？殉诗乎？殉难乎？殉道乎？其后识者再察之。海生同窗哀之哉，痛之哉！一九八九年四月二日拟于秦皇岛，四月五日修订于北京。"

记者：非常感人。

（刘老师深情诵读后，一挥手，向记者示意了一下，站起身，到窗户旁边坐下，难抑心中情感，流下泪来。）

（博士生申巍整理）

书信实录

致同乡信

同乡：

　　您好！

　　一个自尊心极强的人，在他受到冷遇的时候，自然是格外的心酸。一个有抱负的人，在他不得志的时候，更有说不出的痛苦。医生们都说，有泪就让它流，才不会损害健康。我却有泪就往肚里咽，宁可让它损害身心。因为人们常说：男儿有泪不轻弹。

　　深知自己绝不是天才，也成不了伟人。但当我打开千年来波澜壮阔的历史画卷，面对百年来轰轰烈烈的宪政运动的时候，我意识到：我是中华民族的一分子，我是祖国大地的一成员。我应该以民族的自豪感，爱国的责任心，来对待我所选择的学业。我不只是属于我个人的，我也不是仅仅属于我的家庭的。我不应该躺下去，而应该爬起来，再拼搏。用学习来充实自己的心胸，用奋斗去驱散生活中的苦闷。我不应该把法学只当作一种职业去对待，我应该把它当作一种事业去奋斗。要力争在这一代手里，为把祖国的法学事业推向一个前所未有的鼎盛时期，贡献自己的一份力量。

一个有浪漫主义激情的人，又有现实主义头脑的人，当他感情爆发的时候，像山洪一样奔腾，像海浪一样汹涌，像狂风般的呼啸，像野火般的猛烈。当他感情受到压抑的时候，像岩浆冷却后的坚硬，像惊雷在乌云中的沉闷，像山风在幽谷中的徘徊，像大地在黎明前的静寂。这样的人，他既不是那种故作老成持重的稳健者，也不是那种蔫头蔫脑的所谓老实人，更不是那种道貌岸然的伪君子。这样的人，他只是襟怀坦白、光明磊落，优点和缺点都敢于拿到阳光下暴晒的人。他在经历了人情冷暖、世态炎凉之后，他沉默了，他也成熟了，他变得更加坚韧了。他对他的前程，既不是太悲观，也不是太乐观。他只是按照他的身份去为人处世，他只能按照他的理想去学习和奋斗。他对他的人生抱着这样的态度："能做擎天的柱，就做擎天的柱；能做摇船的橹，就做摇船的橹。做根扁担挑它千万里，做副箩筐装它百斤米。当作柴烧就煮熟粮食，化为灰烬，就养肥田地。"

无论成功还是失败，他对真正帮助过他的人都报以诚挚的感谢。用语言，更多的是用行动。他最喜欢的格言是：路遥知马力，日久见人心。

昆明的冬天也是温暖的，衷心祝愿您春节愉快，恭贺您饱享天伦母女之乐。

北京的寒潮又来了，今天刮着六、七级的大风。我坐在 38 楼 529 室窗前，面对远处的燕山山脉，面对近处的图书馆和博雅塔，面对西伯利亚南侵的滚滚寒潮，信笔写下此信，并最后写道：

寒潮来得更猛烈些吧，

你是暖春到来的号角，

你是金秋硕果的喜报！

刘广安

1983 年 1 月 29 日写于北大燕园当日寄出

1983 年 3 月 22 日上午忆录于北京大学 38 楼 529 宿舍

1990 年 12 月 20 日复录于中国政法大学老校 7 楼 150 室

致友人信

吾友：

　　长信收阅后，已复一信。今日又有余兴，遂再复一信。

　　近代中国对外开放后，国人一直在向西方寻求着两方面的救助：物质救助和精神救助。前一寻求在邓时代已见到了较好的效果，后一寻求则屡试不成，至今尚未获较好的效果。今日向西方寻求宗教救助或学说救助者，多以为中国国民需要获得能支配灵魂的精神支柱。有的人（如刘小枫等）甚至认为中国人向无西方式的国教，是一个灵魂不健全或没有灵魂的民族。我以为，这些人是没有真正认识中华民族灵魂之所在的。以汉民族为主体民族的中华民族，其灵魂确实不是某种超越于现实人生的宗教，而是存在于现实人生的"情义"。亲情、友情就是历代国人灵魂的寄托所在，表现在观念方面，就是忠、孝、仁、爱、信、义、和、平等等概念；

表现在社会关系方面，就是注重亲族关系、师友关系、乡邻关系等等。离开了现实人生中的"情义"，一个人活着是没有意思的，是没有寄托的孤魂野鬼。有了现实人生中的"情义"作寄托，一个人就有了生存的精神支柱，奋进的力量源泉。基于这样的认识，我认为，发达社会的人们，物质救助已基本解决的人们，正迫切需要给予精神方面的救助或心理方面的救助。如果没有后者的救助，富起来的人们会成为没有灵魂的人，他们的欲壑不只会毁了他们自身，也将会给人类带来深重的灾难。所以，在对现实的理论法学作出批判性思考的同时，我们必须寻求能够改善人类灵魂的精神救助。建设性的努力比批判性的破坏可能困难百倍，需要千百万学者作一点一滴的积累工作，也需要盖世天才出现，综合前人积累的成果，提出新的建设性的方案。我是一个学问型的人，将继续努力做积累方面的工作。整合、创新的大业，希望能看到老友在这方面的贡献。苏力向我们这一代学者提出了"什么是你的贡献"的问题，他的识见，勤奋的精神和开放的态度，都有助于开拓我们的胸襟，激励我们这一代人的努力。

所以，你花了不少时间读他的书，又花了很多笔墨与我交谈，可能还是值得的。在当今中国法学界，值得我们赞叹的学者，似还未出现。值得我们敬佩的学者，正在出现之中，但还不过三五人。值得我们尊重的学者，已出现了很多。实际上，只要是认真努力钻研的学者，就是值得我们尊重的。我愿用厚道的语言去写中国法学史，评点这门学科的人物。

1997.2.17 写至此暂停

同学来信

广安兄：

　　来信收悉。知道你要来四川，我感到很高兴，但又不免有些失望。我现在正在一个叫中江县的地方锻炼，离成都九十多公里。因此，到时能否面晤，尚不可预料。但愿你我能欢聚一场……

　　你所提到的四川地区农村家族活动情况，我过去没什么了解，更不知整个四川地区的情况了。收到你来信后，我在县里找了县志办公室的同志，他们介绍了一些大致情况。总的来说，过去家族活动频繁，内容主要是在族长主持下的同宗会的领导下，建立祠堂、修定族谱、族规或守律戒律、祭祀祖先、举行同宗会餐，征收和管理同宗会财产，培养同族人才，救济同宗贫苦者，惩治违犯族规者，等等。至于近一两年，虽没有以前那么普遍，但家族活动却有抬头的趋势。据县志办的同志讲，前不久的清明节前夕，就有一李姓家族进行了会餐祭祖的活动，而且其同族有不远数百里迢迢响应者。此外，如今为考妣修墓而立宗立族者，也不乏其例。就宗族活动的性质看，可能不宜一概而论。大多数是为了同姓之间的团结友爱，互谅互助，共至繁荣而加强纽带联系。从大的方面讲，这可能是社会落后的一种表现，但对其中的许多内容，如强调人与人之间的和气相处以及见义勇为、不淫不盗、不嫖不赌等，都不可全然否定。我想，这也许正是值得老兄考究之所在吧。

好了，我就胡说这些。你到了成都，如果不嫌劳驾，则还可到县里来看一看，想必得到的东西会更直接和具体一些。……

此致
祝你 一切顺利！

万国　85.4.25

学生来函

尊敬的刘广安老师：

　　对于您提供我们的稿件《法史学评论的范式问题——徐忠明〈思考与批评〉读后》，给予我们的支持和帮助，真是让我们对您十分的感谢。

　　您在同学中是很有影响的。我们知道您现在很忙，但如果您有时间看一看我们编的这本小小的班刊，您就会发现，有好几位同学在自己的文章中都提到了您，您的思想和做事的方式乃至您朗诵的诗，都引起了我们的思考。

　　第一次向您约稿子，是在两周以前吧，您说了自己的忙碌与时间的缺乏，我觉得似乎没什么希望了，实在有点沮丧，是啊，我也知道这只是班级里办的一份小班刊而已！但没想到您并不是搪塞，第二天，您还想着我只是在课间提到的这件事，拿给我了一共三篇稿子，有您的求学经历，有您写给友人的发表感想见解的信件，当然，还有采用的这一篇。

但更令我没想到的是，您还一直记着我们的这件小事。那一天的课后，您问我编辑的情况，叮嘱我一定要认真校对。

我觉得您是一个做事认真的人。真的很少有您那么一丝不苟的讲义了，三种不同颜色的笔迹代表不同的内容；每次同学的提问都会给予认真的回答，并把回答的内容在课上公开地宣讲，让没有提出、没有想到的同学也能有所启发，有所思考。也许这真的是一个浮躁的时代，经常有人在忙忙碌碌，而真能静下心来做些学问的人、干些实事的人是越来越少了。

我们也见过许多老师，也经常在一起品评老师。有口若悬河，一节课都在不停地讲，讲者口沫横飞，听者兴趣盎然，但下课后仔细一想，就和听了一回相声没什么区别的；有声音抑扬顿挫，看似井井有条，实则是教材播放器的；更有讲台上下都知道是在蒙事的。我们给您的评价是：好似一位引路人，将道路指给我们，帮我们前行……

我知道您是一位精益求精的人，但由于时间的仓促与设备的有限，这份刊物的效果尤其是印刷效果的确是难以令人满意（这种小批量的印刷成本十分的高，作一页彩喷就要50。故只好只做两本上交学校，余者皆用这种原始的复印方法，更糟的是，没想到在Ps上做得挺好看的图片效果在那家店里那么差！）也许有点粗糙，也许编到后面有的校对工作不十分好。有什么不妥之处请您批评指正。但请您相信，我们是在努力的。

2000级法大本科生班刊编辑来函

日记实录

中学日记 [1]

　　我们不能让每一刻时间白白流去，要让每一刻时间放出光彩。我们要懂得，时间的消逝，就意味着生命的消逝。我们抢时间，就是抢生命的意义。

1973 年 1 月 1 日

　　听说不要升学考了，毕业后全体同学该下乡的下乡，该回乡的回乡，接受贫下中农的再教育。好多同学都放松了学习。我却觉得，升学也罢，回乡也罢，我都要向有的同学一样努力学习！学习！再学习！因

1　一二百字记下当日的学习心得或生活心得，源于高中时期（1971—1973）班主任陈宗山老师要求写"学习周记"的年代。

为除了学习之外，我就不能具有建设社会主义的本领，就没有为人民服务的本领。不学习，我平时说得再漂亮的口号也是无用的。

1973 年 6 月 13 日

学缘偶记 [1]

求学多年，遇到的同学很多。鼓励的同学赋予了力量，批评的同学启发了智慧，压制的同学磨炼了意志。耳顺年后回忆同学，仿《世说新语》体例，三言两语、一事二事皆可为文。

2020.1.11

关于海子，我写过三篇文字：1. 受骆一禾挽联激发，写了《悼海生》祭文。2. 受《北大往事》主编之请，写了《海子的毕业留言》。3. 受法大校报记者之访，写了

---

1 《学缘偶记》是拟写的书名，选录存记。

《海子形象追忆》。此外，接受过《新闻周刊》记者和诗人卧夫专访，因他们去过海子家乡并有帮助。接受过《读书人》两次专访。

2020.1.12

　　用平常语言写出非常意境，平凡生活写出非凡意义，点石成玉，点铁成金，这也许就是骆一禾所言：海子对中国诗歌语言的贡献。世人多喜《面朝大海春暖花开》，诗人多赞《以梦为马》，音乐人多爱《九月》，我常念《活在珍贵的人间》。1985年一个春光明媚的日子，海子邀我到法大校刊编辑室，看他办公桌上小镜子后面的女孩照片。我很惊讶：这位在校园里能让人眼前一亮的女孩，怎么给你照片了！海子微笑未言，又给我看女孩送给他的笔。今日重读这首无比幸福的诗，有人生如梦之感。

2020.10.21

儒林内史 [1]

　　1981 年春，北大 77 级、79 级法律系本科生在一起上大课，听龚祥瑞先生讲《比较宪法》。多年后未记住讲的内容，课间问话却如在耳畔。龚先生怒言："刚才有同学问我几岁了。告诉你，我 70 岁了。"（问者不知儿童可问几岁，老者应问多大年纪，失礼引起龚先生当众厉声答复。）龚先生又怒言："刚才有同学问我：存在的就是合理的。难道希特勒也是合理的？墨索里尼也是合理的？"

2018.8.22

　　蒲坚先生口才一般，讲课未留下突出印象。文思不敏捷，发表文章很少。多年受有才华有手腕的领导同事压制排挤，为法史学界元老级人物，却未聘任博导。

1　《儒林内史》是拟写的书名，选录存记。

蒲先生退休后，发愤编写《中国法制史大辞典》，四百余万字，独自手写完成。88 岁高龄时方得出版。该辞典专业条目搜罗广泛，解释精确。综述条目选择学界成果平实可靠。该辞典的编写方式，前无古人，后无来者。蒲坚先生从平凡学者成为传奇学者。

2018.8.26

东斋忆房

一

平生最受苦的不是读书考试，也不是晋职拼搏，而是住房奋斗。

童年时，父母亲，弟兄六人，大嫂二嫂及其孩子，十多人住在一间半二层农舍里，拥挤不堪！

1971年读附中时，参加修水库，近百师生住在一祠堂里。我住在靠厕所的墙旁，难以忍受！

1972年读高中时，数十人住一房间。三人住在上铺，半夜里我被挤掉下床，砸坏脸盆。1975年读师范时，十余人住一房，稍好点。

1977年在滇东五龙公社中学参加工作，住房已记入"求学简历"：这是一所距离县城一百多里的少数民族地区中学，刚由初中提升为高中。只有一名云南师范学院毕业的数学老师上过大学。校长安排我担任初一和高二的语文课教师。宿舍安排在离本校部一里外的一所孤零零的房子中。这所房子是"文革"中改造下放干部的房子，一层各间都积了厚厚的灰土。久无人住，蛛网遍布。安排给我一层的一间，实在无法打扫居住。一位住二层的年轻老师下乡去了，把他的房间让给我暂住。他的房间是自己用木板搭的顶棚，用报纸裱的四周。缝隙很多，蚊虫不少。学校的小水电站供电不足，常要自备油灯看书。白天教书，晚上刻苦自学，准备参加高考。这所学校正在新建之中，劳动很多。师生到数十里外的深山中，扛木料多次。

1979 年考上北大，校园比我预想的美，宿舍比我预想的差。头几个月是三十多个男生住一大房间，后来是七个男生住一个宿舍。我不愿到教室或图书馆抢占座位上自习，常在宿舍看书，很憋闷。尤其是不喜欢枯燥的法学课程。当时不能转系学习，只能勉强去上课。大一时患了严重的湿疹，身体奇痒，休息不好，上课精神分散。关键的一年外语课，没有学好，勉强及格过关。连担任课代表的语法课和逻辑课也未获得优秀。北大本科四年，学习成绩优少良多，生活经历乐少苦多。

2021 年 2 月 15 日于京华东斋

二

1983 年到法大读硕士生，三年住北方，没有阳光。1986 年读博士生，三年住南房，享受到阳光。1989 年博士毕业留校工作，找房管科长安排住房。科长说要有校长批示才能安排。找校长批条:请房管科酌情解决。科长见条即说：老校没有住房，安排到昌平新校住。同学告诉我，老校教师公寓筒子楼还有空房，再去找。多次找后，科长安排暂住本科生公寓 7 号楼 150 室。该室门对六层楼的楼梯口，学生上下楼梯的脚步声不绝于耳。窗对教学楼的北门出口，学生进出楼的身影不断出现。学生宿舍区，不能做饭，晚上定时熄灯。

1991 年经多次求告努力，科长安排住教师公寓 2 号筒子楼 325 室。该室是北房，终年没有阳光，住了将近八年。更难的是遇到了恶邻，走路横冲直撞，看人横眉竖目，真正体会了惹不起还躲不起的尴尬处境。

人们一般都会怀念旧居，离开这处居室后，我虽一直住在法大的袖珍校园里，但再没有上过此楼。并言：白送此居室，也不再要。

三

困难的住房会激发孩子奋斗。三哥四哥五哥和我向外打拼，挣到了各自的工作岗位和住房。二哥的儿子经商，在昆明购置了较好的住房，在老家另建了新宅。老宅留给了大哥的儿子。

在北大拥挤的同舍里，遇到了平生最重要的几位学友，让我终身受益。在法大狭窄的筒子楼遇到了恶邻，也遇到了芳邻。与筒子楼的贺君同楼四年，自称筒子楼大学学友，也受益终生。

1995年，筒子楼芳邻贺君为改善住房离开法大。1996年，我联系中国青年政治学院担任领导的本科学长准备调离法大。法大领导也决定改善留校博士的住房条件。经反复的曲折的不值言传的努力，1997年夏，我住进了法大教师公寓1号楼1门402室。两间居室窗户都是南向，终年享有阳光。学校给了房产证。我平生第一次给自己的住房命名：暖舍。在此室住了七年。晋升教授，聘为博导，申请到司法部项目《中国立法史研究》，写出《中国法律思想简史》，担任《中国法制通史》明卷副主编，写出"明朝立法"的3万余字，作为《法制通史》明卷的第一章，也是立法史项目内容。这些都在"暖舍"完成。不仅这些，在"暖舍"居住的七年里，我指导了硕士生陈志红、陈新宇、韩冰、赵连峰的学位论文，招收了第一届第二届博士生李凤鸣、韩冰、胡谦。听我讲课的硕士生石燔、刘冰雪后来也考了我的博士生。以上几位学生就是帮助我建立法史学术家园的早期学生了。

2004年，从"暖舍"搬到法大新建教师公寓"东斋"，写了《东斋修成记》，收入《中国古代法律体系新论》附录，2012年由高等教育出版社出版。后来关于中国传统法律体系与法律变通的研究，奠基于"暖舍"时期申请和结项的《中国立法史研究》，发展于《中国古代法律体系新论》，深化于2017年出版的《清代法律体系辨析》。

东斋忆房又写成了东斋忆学，常言"三句话不离本行”，此之谓也。

2021年2月16日正月初五春节吉日于京华东斋

四

1982年9月至11月，在河北省第二监狱实习期间，十多个男生住在一间平房里。监狱领导临时收拾一间放杂物的平房给我们住，尘土味很重。没有床铺，搭地铺睡。

申请到监狱实习的同学，多数准备考研究生，想找个有时间看书的地方。我是不喜欢到公检法单位工作，就报名到这个组里。我借了一些监狱图书馆的历史书看，准备毕业后到云南大学任教。云大法律系非常缺老师，答应给较好的工作条件。助学金不够实习用，我写信告诉四哥五哥。他们工资都很低，但很快寄到100元。我非常高兴，带三位同学到石家庄很好的一家饭店美餐一顿。实习前夕，我父亲病故。家里为了不影响我参加实习能正常毕业，没有告诉我。留下终生遗憾！

中秋节时，收到北大同乡杨君寄的《中国法制史》统编教材。我很激动，立即准备考研。后因外语不及格，没有考上北大，转到了北京政法学院（法大）。没有达到同乡寄书的期望！留下了"致同乡信"，已收入本书。

监狱的陈中队长非常严格，常组织学习或下牢房参加车间活动。有高明的同学建议给监狱领导写先进事迹报告，少参加活动。陈中队长很高兴，提供了丰富的材料。总结报告时，监狱领导称赞我们各有高招，给了实习好评。

实习期间，组织参观西柏坡、大佛寺。我写了一首小诗给同学：

未名湖畔未深知，大佛寺中见诚心。

士各有志自珍重，历尽磨难好作人。

2021 年 2 月 18 日深夜于京华东斋

五

1983 年毕业之际，到我们班女生宿舍留言。遇到 78 级中文系张曼菱应邀给同学留言。同学向张君介绍：

刘广安是云南人。张君爽快留言："我们是聂耳的老乡，是护国军的后裔，中华今日的现代文明应从我们手中诞生。与广安同乡共勉。"我素来不善与名人交往，此后未再见过张曼菱。但这个豪爽的留言，颇有纪念意义，已收入"求学简历"，附录于《清代法律体系辨析》，2017 年出版了。

我给同学的留言，记得有：生活能够磨炼性格，阅历能够开拓心胸。生命的价值在于经历了多少种有意义的生活。还有两首小诗：

未名湖畔人工秀，庙峰山上自然馨。
待到皓首忆当年，定将倍觉同学亲。

南国飞鸿北国雁，书山学海共未名。
同窗四年犹觉少，当称人品胜书评。

两首小诗已收入《东斋诗文》，附录于《中国法律传统的再认识》，2018 年出版了。

2021 年 2 月 18 日晨于京华东斋

六

本科同学刘钢是我的婚姻介绍人。为了感谢刘钢，1984 年我们去帮刘钢刷新房。新房是两居室，是长辈让给结婚用的。用石灰粉刷各间。刷墙中，刘钢庄重地说："广安，我们都是男子汉！"当时没问他有何深意。

过后我想：刘钢是嘱咐我要勇于扛起家庭的重担。更重要的是警告我要做到一诺千金，不能变心！辜负了介绍人的好心。当时给我介绍婚姻的有几位老师，也有几位同学。老乡张晓辉说："你今年交了桃花运！"更难的是，曾寄书给我帮助考研的老乡杨君也来看我。但我自觉没有考上北大研究生，受到冷遇后，已寄发了绝情的信。还寄了一首小词：

未名湖汁哺，燕园春秋度，

书山学海觅知音，世味秋茶苦。

南拜祭慈父，北敬寄慈母，

手足情深长相思，痛断云南路。

话说回来，我没有辜负刘钢的介绍。1986年我考上博士生后，从助学金中省出150元，在交道口康乐餐厅举办简单的婚宴。刘钢夫妇参加了，送我们一对暖瓶，一座台灯。刘钢妻子和我妻子是大学同桌好友，退休后，两人结伴游览了很多世界美景。

刘钢成为富豪后，我们极少再见。从书店里买了他收藏古地图的著作。从记者报导得知，他现在是著名的油画收藏家。在同学袁钢（明星宋丹丹自传中有专门记述）的追悼会上，遇到刘钢，友好地点头致意。

刘钢给我毕业纪念册的留言："得大自在"。这是香山卧佛寺大佛背后的话，也是佛家修行的最高境界。本科同学刘钢对我是寄予厚望的！我难于达到修行的最高境界，但我决不妄自菲薄，虚度此生！

2021年2月18日于京华东斋

七

1983年10月，经本科同学刘钢介绍，我认识了现在的老伴。她家住在府学胡同53号，这是一个很多人家居住的大院。她家住在前院正房。父母是1956年毕业于北京师范大学美术系和心理系的高才生，1957年受冲击，影响了一生的事业！

老人家拿出《出师表》的书法作品给我欣赏，我看出中间少了一字。老人家看到我有一定的古文修养很高兴，但非常惋惜我学了法律！我后来欣赏书法、美术、舞蹈等艺术的兴趣和知识，多得于这个家庭的熏陶。我能战胜在北京遇到的种种困难，也多得于这个家庭的支持。

1986年5月，为准备考博士生，我在这个老宅住了一个月。有时听到胡同里传来声音："收——旧——衣服，旧——鞋。"拉得很长的音调，久久回响于耳畔。我想：这就是古老的北京！这就是民间的北京！

2021年2月19日于京华东斋

附录一　法史中国 [1]

宅家避疫两月多，重温经典数种，并写七言法史小诗数十首。现将这些小诗分为：人物篇、制度篇、学术篇，合编为《法史中国》，希望成为普及法史知识的简明读物。诗一：七言小诗写法史，人物制度与学术。微信发出数十首，分类编辑成新著。诗二：年年三月二十六，怀念诗友读诗书。钻研法史数十年，未走诗路走学路。诗三：经典小书常崇敬，《乡土中国》记在心。诗说法史一百首，模仿前哲起书名。

2003 年非典期间，余撰《中国法律思想简史》，交高等教育出版社，连续出了三版，成为一些高校的选用教材。曾有小诗为记：非典闹数月，闭门著长文，一部简史就，两鬓白发生。

2020 年 3 月 26 日于京华东斋

1　2020 年 3 月 26 日编辑的《法史中国》，经中国法律史学会执行会长王健教授推荐，由"法学学术前沿"公号发表于 2020 年 3 月 31 日。

一、人物篇

孔子重礼更重仁，德主刑辅倡导人。

无讼理想本教化，宽猛相济两手硬。

孟子主张行仁政，反对滥征滥用刑。

提出民贵君轻说，并言暴君放伐论。

荀子学说博而深，儒法合流首倡人。

隆礼重法不偏颇，奠定帝制法理论。

春秋战国天下乱，诸子救世争建言。

形成学派十余种，儒墨道法最彰显。

墨家学说重平等，尚同尚贤尚鬼神。

治国必须尊天志，赏罚得当天下平。

道家学派讲无为。否定法律否定礼。

顺应自然合天道，法令滋彰多盗贼。

法家先驱郑子产，铸鼎立法公开化。
改革贵族旧礼制，与民同罚救天下。

魏国李悝编《法经》，成文法典传后人。
六篇体例有总则，生命财产为中心。

商鞅变法重刑赏，什伍连坐民如羊。
改法为律统一化，军令如山国力强。

韩非综论法术势，法家学说集大成。
助力始皇称帝业，影响千年行秦政。

萧何出身刀笔吏，为政知先重法律。
整理秦法编九章，律令配合保统一。

文景改革肉刑制，推行仁政合民意。
西汉江山两百年，至今史家赞二帝。

汉初出了董仲舒，主张三纲尊儒术。
经义决狱寻法理，秋冬行刑借天助。

张斐注律意义大，简单法条理论化。
适用原则更明确，罪名区分定高下。

志大才疏光绪帝，支持变法欲救世。
错用书生康有为，百日维新圣火熄。

政变上台清慈禧，镇压维新囚光绪。
晚年支持法改革，宪法大纲有新意。

近代枭雄袁世凯，支持修律与政改。
武力争得总统位，一记约法称帝败。

孙文临时大总统，五权宪法未及用。
出师半捷身先去，中华民国成一梦。

民国枭雄蒋介石，联合军阀谋统一。

利用六法治中华，无奈内战翻天地。

黄土高原东方红，出了领袖毛泽东。
社会主义救中国，法治道路探寻中。

中国人民三生幸，炼就伟人邓小平。
脚踏实地谈改革，"一国两制"开新景。

一个时代选一人，七言概括法特征。
若要用语达精准，看似平易实费心。

2020 年 3 月 30 日于京华东斋

二、制度篇

"八诰"记载周初制，金文留存周信史。
五刑适用见《吕刑》，"世轻世重"百代记。

唐代立法系统化，疏议精深多行家。
编纂《六典》仿《周礼》，确立法统垂天下。

以准皆各其即若，适用术语解释多。
传统立法关键词，读懂律典须掌握。

宋代司法有创新，翻异别推可复审。
鞫谳分司相制约，保证司法更公正。

太祖洪武用重典，编纂律诰溯周源。
有明一代法网密，外儒内法是典范。

清承明制有发展，律文条例合一编。
传统法系集大成，律典则例与会典。

慎用死刑定秋审，情实缓决或可矜。
留养承祀重人道，良法精神应传承。

民事案件重调处，未必征引律例文。
准情酌理按时结，农忙季节延期审。

家法族规法律化，民族立法体系化。

五朝会典立法统，大清律例垂天下。

清末修律变革起，引进六法代律例。

帝制走向宪法制，改换法统与法系。

律典令典与会典，各典皆未限君权。

历代法律名称多，未超国家工具观。

三、学术篇

七言小诗咏经典，书多成灾贵在选。

常人看了不觉深，专家看了不觉浅。

《中国史纲》到东汉，半部教材成经典。

三十七岁张荫麟，一代史家名著传。

四十年代书成典，《中国史纲》首当选。

史哲综论才识高，言浅学深大道传。

八十年代评经典，《美的历程》应入选。

文史哲艺熔一炉，大醇小疵胜庸言。

《经典常谈》一小书，四部要籍皆评点。

诗文部分最优异，行家看后都称赞。

本体认识方法论，通俗易懂讲分明。

思想范畴及运用，《大众哲学》亦成经。

《乡土中国》登讲台，社会学理新路开。

礼治秩序亲体验，活的概念提炼来。

小说史略鲁迅撰，购阅时在七六年。

四十余载受益多，能述能作能思辨。

行政法学中国化，名扬时代王老来。

法大学术第一人，未立宗派立学派。

改天换地法学哀，凤毛麟角活下来。

民法百科谢怀栻，耳顺年后放异彩。

法学理论沈宗灵，北大法科学术魂。
基本概念准确化，润育数代法学人。

以民为本政治观，万民之上有主权。
儒法学说归一统，共尊君权与国权。

儒家安邦倡教化，法家治国尚重刑。
宽猛相济导先路，霸王二道合流成。

自然法学求理想，命令法学现实行。
理想现实难统一，困扰数代法学人。

学法研法四十年，民主政治多困难。
精英治国较靠谱，开明首脑可点赞。

文人无能古来多，混入官场常闯祸。
若有责任须担当，争相推诿忙甩锅。

古来书生好议政，狂妄文人爱参政。

偏激分子滥批评，多是损国殃民人。

刑部尚书薛允升，比较律学开路人。

唐明法律精研语：重其所重轻其轻。

修律大臣沈家本，中法史学奠基人。

名著《历代刑法考》，古今法制对比论。

博学高才梁任公，法史论著亦称雄。

现代学科探路人，中法史学奠基功。

《九朝律考》前人无，《论语集注》垂千古。

法史名家程树德，忧患年代撰巨著。

法史先驱陈顾远，中国法系专论深。

通史教材质量高，再版赢得后人敬。

法史名著传三本，四十岁前即完成。
一代学人杨鸿烈，不惑年后误半生。

社会分析重礼制，法史论证探精神。
跨界学者瞿同祖，法社会史开路人。

中西法学修养深，业内公认徐道邻。
唐律宋法探研早，通论专论皆高明。

法史导师张晋藩，著作等身不自满。
九十高龄勤著书，雄心万丈开新篇。

法史学人赞蒲坚，八十八岁出辞典。
四百万字亲手写，平凡学者成非凡。

唐律通论与各论，现代分析学理深。
法史名家戴炎辉，大著未曾负东瀛。

法史名家张伟仁，专论综论有宏文。
讲学中美影响大，法学教育探研深。

法史学者杨一凡，博搜典籍献学坛。
考证法史超前人，造福学科意深远。

法史学者李贵连，饮誉学林立沈传。
探索古今承前哲，沟通中西启后贤。

附录二 诗说《周礼》[1]

《周礼》发现在汉初，无人重视藏书库。

沉睡兰台百余年，帝师刘歆方找出。

力荐《周礼》入学官，王莽改制成蓝图。

生搬硬套新政败，连累污名此巨著。

东汉末年一大儒，郑玄遍注群经书。

《周礼》成为三礼首，经典生命开新路。

唐代儒者贾公彦，《周礼注疏》能承前。

朱熹称道贾注好，启示后人经脉传。

---

1 汉语史上，奇书很多，前三书是：《周礼》《史记》《红楼梦》。三书皆是大才独著，未能终稿。影响深远，跨越时代。《周礼》影响了中国的制度传统，特别是汉以后的法典编纂传统和都城建制传统。《史记》影响了中国的史学传统，确立了纪传体史书的正统地位，对典制体、编年体史书也有重大影响。《红楼梦》影响了中国的文学传统，不只限于小说。文备众体成为伟大作家的追求，伟大作品的标志。

清代学人孙诒让，《周礼正义》集大成。

近世名家皆称赞，传统礼学放光明。

近百年来说《周礼》，产生时代未统一。

著作性质争议多，法学视角再评析。

西魏丞相宇文泰，创建官制仿《周礼》。

当代史家多称道，寅恪先生也考析。

隋唐六部源《周礼》，宋元明清皆承袭。

条块分割权责明，以官统事重效率。

则天武后仿《周礼》，装潢门面史家讥。

玄宗手谕仿《周礼》，编制《六典》法统立。

宋代狂才王安石，改革亲撰《周礼义》

新学激进超实际，徒令史家多叹息。

《元典章》据六部编，明清律典皆照搬。

传统法制多稳定，《周礼》六官意深远。

《周礼》影响唐六典，明清会典法统传。

中国法系集大成，跨越时代道路宽。

元大都按《周礼》建，明清皆守中轴线。

博大精深一伟典，光耀华夏万代传。

《周礼》内容真博大，易理阴阳兼各家。

精心编纂成一体，主导思想是儒法。

《周礼》内容共六篇，治国理政设六官。

天官冢宰为第一，佐王安邦掌治权。

六篇皆有总序言，五个方面述王权。

建国立都定疆域，设官化民天下安。

六十三职属天官，王宫诸务皆统管。

国家大事分六类，佐王安邦掌六典。

治教礼政刑事六，为政首要在治官。

纲举目张法令行，官正国泰民自安。

治理官府依八法，编制权责皆可查。

政绩考量有标准，奖惩适当目标达。

管理京城依八则，祭祀住宅有规格。

车服器物皆有度，财用赏罚可调节。

统御群臣用八柄，爵位俸禄与职升。
奖惩废诛权归王，辅助实施天官行。
治理万民用八统，亲亲敬故举贤能。
奖功尊贵拔勤劳，善待彼此如礼宾。

九类职业用民众，农林牧渔和百工。
果业商业丝麻业，闲民就业可雇佣。
赋税法规有九种，王都远近各不同。
关市山泽皆有税，剩余财物回收用。

财政法规共九种，祭祀迎宾救灾用。
群臣俸禄有定制，匠作饲养皆管控。
诸侯贡法有九种，各类贡物法不同。
祭祀礼宾和物产，分别规定按时奉。

维系民心以九田，邦君师儒与官长。
宗主吏友各以道，天下百业皆兴旺。

天官职权原则多，细目规定见属官。

权责常见重叠语，其间关系待考辨。

天官负责法宣布，施行典则归下属。

祭祀朝觐发军令，王为主持天官助。

天子上朝理政事，天官履行协助职。

天子巡守听政事，天官协助亦如之。

国之大事王决断，政务小事天官平。

政绩考核备材料，辅助天子定黜升。

天官副手为小宰，实施王宫政令刑。

诸法副本皆掌管，辅佐天官助执行。

政务处理有程序，根据尊卑定名次。

高低先后分六类，职官管理严规制。

六官系统定编制，各有定员理政事。

大事上报小事决，小宰辅佐天官治。

辅佐天官依六典，官属官职与官联。

邦国大事会同理，邦国小事可合办。

征赋征兵依户籍，买卖借贷依书契。
财物收支依账册，民事诸务有法依。
借贷契约称傅别，买卖契约称质剂。
评断禄位依策书，查核征猎依简稽。

以廉为本评吏治，六项标准察不失。
善能敬正明是非，执法无误又努力。
祭祀朝觐与会同，宾客军旅与田役。
丧荒处理共七事，依法命令备用具。

协助天官赞王礼，接受一年会计账。
指令诸官报政绩，皆由小宰行职掌。
协助天官率属官，定期观看国治典。
摇动木铎传法令，违反制度必究办。
小宰下属设宰夫，掌管朝位尊礼仪。
安排群吏善履职，受理臣民上书事。
宰夫分工管征令，六官各级职责明。
若有王命须征召，辨清等级再施令。

政绩高下宰夫核，财政收支负责查。
四名宰夫分工管，报告冢宰以奖罚。
跟从大宰察祭物，协助小宰行礼仪。
牢礼燕礼和飨礼，负责诸物之供给。

丧事分等掌戒令，供给器物令办理。
群吏业绩定时查，确定能良报上级。
禁令征令与戒令，适用对象各分明。
朝礼丧礼诸礼事，分管职责细辨清。

管理王宫设宫正，掌管戒令与纠禁。
木板记载吏员名，定时检查值班人。
依规惩奖宫中吏，教育子弟学六艺。
国有大事令下属，坚守岗位严履职。

摇动木铎宣火禁，王有祭祀为照明。
遇国大丧置庐舍，亲疏贵贱分等行。
隶仆职责见夏官，分别规定主次明。

《周礼》内部各体系，尚待细读再说清。

宫中国子与庶子，宫伯掌管入名籍。
安排宿卫先后序，组织分配供役使。
国有大事用宫众，负责召集士庶子。
奖惩皆由宫伯管，按时颁发夏冬衣。

国王王后及世子，食饮皆由膳夫管。
六种牲类做成肉，六种谷物做成饭。
美味一百二十种，八种珍肴各不同。
酱类一百二十瓮，制作方法数十种。

王膳每天一杀牲，陈列共用十二鼎。
音乐奏起王进食，膳夫先尝王后品。
食毕音乐伴奏停，钟鸣鼎食制度行。
斋戒每日三杀牲，献祭之后方可品。

五种情况不杀牲，大丧大荒大疫情。
天地有灾国有寇，膳食制度变通行。

普通中餐和晚餐，奉膳赞祭不杀牲。
王与臣下燕饮时，膳夫代王敬来宾。

王后太子之膳羞，皆由膳夫统一管。
牲肉干肉赐臣下，也由膳夫行职权。
臣下进献祭祀肉，膳夫用作王肴馔。
国王王后及世子，膳费年终免结算。

六畜六兽与六禽，庖人掌管专设置。
辨别名号与毛色，分清鲜活进王室。
祭祀丧事待宾客，供给美味合令时。
接受兽人献禽兽，依照规定分等级。

进献王用禽兽肉，春夏秋冬各不同。
王及后膳免结算，其他结算在年终。
内饔掌管烹调事，辨别美味分祭食。
为王杀牲陈鼎俎，再交膳夫献王室。

鸡犬牛羊等禽牲，辨别色味方选用。

宗庙祭祀管宰烹，王室餐饮献特供。
宗庙之外诸祭祀，外饔掌管宰煮烹。
飨礼师役小丧事，相关职责皆履行。

烹人掌管镬与鼎，烧煮烹调又做羹。
水量火候及配料，严格把关合标准。
王室餐饮关天下，尊君重礼为国家。
《周礼》内容来源多，尚待方家证诗话。

甸师耕种王籍田，进献谷物祭祀用。
香蒿白茅和瓜果，为了祭祀也提供。
代替后王受眚灾，施刑王族有罪人。
率领徒属供柴草，代服劳役为内庭。

兽人掌管捕兽器，辨别野兽色毛名。
春夏秋冬随季献，停田猎时交虞人。
祭祀丧事款待宾，死兽活兽交腊人。
皮毛筋骨交玉府，兽人捕猎掌政令。

渔人专职管捕鱼，按季分类供王室。

祭祀迎宾或丧事，供鱼征税守法纪。

鳖人负责捕龟蚌，春秋季节献王室。

祭祀专用交醢人，掌管邦国之籍事。

腊人掌管制干肉，分类制作供祭祀。

款待宾客办丧事，进献干肉皆尽职。

医师掌管医政令，收集药物供医疾。

国中凡有患病者，安排医者往医治。

年终考核医成绩，确定五等发粮食。

食医调配王膳食，饭羹酱饮顺四季。

温热凉寒各相宜，酸苦辛咸皆应季。

牛羊猪狗与鹅鱼，稻黍稷粱麦饭齐。

相关调配守原则，君子膳食讲规矩。

疾医掌管治民疾，了解病因观四季。

五味五谷与五药，五声五色与五气。

九窍九脏都观察，对症处理分治之。

死者记明病亡因，上报主管之医师。

疡医掌管治疡疮，五毒攻之五谷养。
五药疗之五味调，酸辛咸苦甘滑方。
兽医管治家畜病，灌药之后察病情。
根据治后死畜数，兽医俸禄减增定。

酒正掌管酒政令，造酒材料授酒人。
清浊厚薄酒不同，分别献给王室饮。
祭祀依法添加酒，三类酒品盛酒尊。
款待来宾用礼酒，指派下士奉酒迎。

燕饮酒礼王举行，预计用酒酒正奉。
飨礼款待士老孤，所需用酒尽量供。
王赐臣下所需酒，酒正依法管供应。
常制需要供应酒，依照符券账册行。

造酒材料支出数，文书上报按时达。
月底酒正报小宰，年终报至大宰衙。

王及后饮不结算，其他饮用皆有法。

酒人造酒好与差，依照法式定赏罚。

《周礼》思想来源多，首推孟子仁政说。

《中国史纲》有特评，民本精神利家国。

法治主张近《管子》，隆礼重法宗荀卿。

儒法合流成会典，战国末年一高人。[1]

司刺执掌审判权，辅助司寇断狱讼。

三刺三宥三赦法，依例断案知变通。

判决须听臣民意。宽宥过失法活用。

老幼残疾罪可免，慎刑恤刑贵适中。[2]

---

1 《诗说周礼》写至此，未再写。

2 陈景良教授微信让先写此首，特记。

附录三　讲座提纲

传统法律体系与法律变通 [1]

一、选题缘由

（一）研究基础

1. 两本著作：《中国古代法律体系新论》（高等教育出版社 2012 年出版）、《清代法律体系辨析》（中国政法大学出版社 2017 年出版）。

---

[1] 2017 年 4 月 17 日在中国政法大学法律史学研究院举办学术讲座用此提纲；2018 年 9 月 8 日在中国法律史学会年会上作主题报告"中国传统法律体系与法律变通"，据此提纲发言。两次发言皆无录音，未能整理成文。2020 年 12 月 12 日将此提纲发在微信圈，金眉教授点赞："这是重量级非同一般的提纲。"于是决定将此提纲作为《口述法史》附录三。

2.两个项目：教育部基地重大项目《中国传统法律体系与社会秩序》(2014)、《中国传统刑法与社会治理》(2016)

（二）研究目的

为法律体系学和法律变通学的建立和发展提供法律史研究方面的依据，为推动法学学科的发展探寻新路径。法律体系学是研究各种法律形式的相互关系与协调原理的专门学问。法律体系学是现代部门法形成之后才出现的概念，但各种法律形式的相互关系与协调原理是中国传统法制发展中已经存在的问题，只是没有形成系统的理论认识。法律变通学是研究各种法律形式变通适用的特别规定或典型案例的专门学问。在以往的法学研究中，学者对各种法律形式的相互关系、协调原理与变通适用缺乏综合性的研究著作，希望从法律史的视角写出这方面的著作。

（三）研究方法

1.从法律制度史和法律学术史视角利用材料，提出问题，论证总结。参考法哲学和法社会学的观点，不套用其理论进行解释。

2.法律体系学侧重于制度构建方面的研究，法律变通学侧重于制度实践方面的研究。前者主要利用法条材料，后者主要利用案例材料。

3.法律体系学侧重于静态的考察，主要利用常见材料和一般材料。法律变通学侧重于动态的考察，注意利用特殊材料和个别材料。

二、几点认识

（一）传统法律体系认识的发展问题

（二）律典的协调适用问题

（三）会典、律典与则例的相互关系与协调适用问题

（四）传统法律的变通适用问题

1.传统法律变通适用的特别规定

（1）关于老幼废疾和妇女刑事责任的变通原则

（2）关于各级官员刑事责任的变通原则

（3）关于家庭成员刑事责任的变通原则

（4）关于外国人刑事责任的变通原则

（5）关于犯罪团伙刑事责任的变通原则

（6）关于数种犯罪刑事责任的变通原则

（7）关于自首犯罪刑事责任的变通原则

2. 传统法律变通适用的典型案例

（1）关于维护传统道德原则的变通案例

（2）关于维护民间习俗宗教的变通案例

（3）关于适应社会变化需要的变通案例

（4）关于适应政治斗争需要的变通案例

（5）关于各种临时处置需要的变通案例

（6）关于照顾人情关系的变通案例

附录四　学法追忆

七九考上法律系，没有课本全靠记。

几个班级上大课，二百余人一教室。

"文革"之后新三届，如饥似渴忙学习。

中外名著争借阅，燕园高才探法意。

上床同学是老季，江西文科考第一。

早出晚归拼命学，志向远大才称奇。

对床同学戴学正，十六年华应届生。

来自鄂省麻城县，当年湖北第二名。

浙江同学张志铭，同舍四年存交情。

毕业之后多帮助，中国社科发宏文。

江苏同学郭诗人，对床上铺巍然吟。

组建晨钟文学社，出版诗集长留存。

湖南同学有武彪，四年同舍多微笑。

当了总编当社长，能官能商能领导。

广西同学有覃幸，文才诗才皆异人。

钓鱼专著水准高，微信议论火得很。

河南同学王小能，央视讲法成名人。

北大教授正当红，毅然做了出家人。

浙江同学徐月芬，七九省考第一名。

四十年后微信知，已是六十上下人。

天才同学查海生，以梦为马祖国魂。

万丈晨曦从天降，面朝大海祭诗神。

天才同学马星亮，英年早逝哀同窗。

新春贺卡留存多，高干子弟好榜样。

学习委员罗建平，数十门课全优生。

曾任广西检察长，劳累病逝已远行。

聪明俊朗王国新，《法学阶梯》主编人。

中院院长正当年，病故任上未尽命。

比较宪法上大课，七七七九同教室。

龚祥瑞师颇有派，不赞七九赞七七。

讲授内容多忘记，课间问答留花絮。

存在是否即合理，龚老怒斥法西斯。

中国法律思想史，主讲此课国华师。

近代湖南出名家，张国华师有传奇。

西南联大工转文，善学善思胜同仁。

先秦诸子数家珍，近代倡研沈家本。

外国法律制度史，主讲此课由嵘师。

朴实厚重滇中人，明白讲解少修辞。

罗马法律传世界，比较异同论法系。

后生学路能走远，多靠本科养底气。

2021 年 1 月 5—7 日于京华东斋

附录五　求学简历

明朝云南陆良卫指挥使刘震后裔刘云，于清康熙年间至硝硐村安家。该村位于滇东陆良、罗平、师宗三县交界的杨梅山下。我的少年时代即在该村六户人家的上寨度过。村里识字的人少，书很少。三哥、四哥、五哥留下的小学课本和初中课本，语文、历史、地理三书，我反复看了多遍。1979年我参加高考，语文得了84分，历史、地理各得了94分，幸运地考上北京大学法律学系。三门成绩得力于当年的童子功。

小学时期，四哥买的全套《三国演义》连环画，是我了解历史的启蒙读本，也锻炼了我讲故事的表达能力。五年级时，借到《西游记》小说，看得入了迷。父亲数次命去挑水，都未听清。听清了又顶嘴不行动，父亲大怒要烧此书。书虽未烧，但还给赵老师后，就再没有看过该书下册。小学中学时期，回家就要下地干活。大雪天大雨天方可在家读书。插秧季节大雨天也要下地干活。父亲辛劳扶持几个孩子读书，已是当地有远见的人士。

1967年夏，在大舍小学淘汰的书里得到何其芳著《诗歌欣赏》。书中欣赏李白《蜀道难》、白居易《长恨歌》《琵琶行》的内容，影响了我一生欣赏古典诗歌的倾向。成年后，我才理解李白写蜀道、世道艰险的意境。2010年写《三致猫儿》七言长诗，比《琵琶行》多十余行，也源于此书影响。

童年的阅读培养了我喜欢文史学科的兴趣。大学本科读了法学，研究生选择法律史学作为学术方向。至今仍以法律史学研究为职业，为事业，都根植于童年读书的种子。

一、1961—1965（硝硐小学）

1961年7月至1965年7月，硝硐小学读一年级至四年级。连续担任年级学习委员。一直是孙绍武老师任教。孙老师是经过民国时期古文阅读训练的老一辈读书人，他教小学语文主要是背诵每篇课文，教作文主要是写家乡四季变化或给亲友写信。五哥写的"可爱的家乡"，我写的给当解放军的三哥的一封信，曾作为范文朗读，并抄录张贴在教室墙壁上。孙老师培养了我的背诵能力和写作能力，让我受益终生。我永远感念这位老先生。

二、1965—1971（大舍小学、附中）

1965年9月至1968年，大舍小学读高小，连续担任年级学习委员。窦家寿老师任语文课教师兼班主任。"文革"中曾有郑州大学生吴某串联到大舍小学任课，教毛主席语录。1967年某天，在大舍小学淘汰的旧书中，我找到一本何其芳写的《诗歌欣赏》。我学习欣赏诗歌、欣赏人生和世界美好的方面，受此书益处甚深。"文革"中不上课时，就回村劳动。我年龄小体质弱，得最低档工分。在大舍小学读书数年，每天早上5—6点，在煤油灯或明子火下，母亲做饭送行。慈恩深重，终生难报！回忆至此，泪落难忍！1969年至1971年，大舍小学读附中。担任年级学习委员。金建甲老师任语文课教师兼班主任。其中，1971年4月中旬至7月中旬，在竹基公社东风水库劳动并学习。认识了竹基公社其他附中的老师和学生，开阔了眼界，锻炼了体力和意志。

三、1971—1973（师宗一中：高中）

1971 年 9 月至 1973 年 7 月，在师宗一中高三班读书，任英语课代表。陈宗山老师任语文课教师兼班主任。陈老师是安徽人，五十年代毕业于华东师范大学，自愿到云南边疆任教。他讲课思路开阔，情绪饱满，激励人心。他给我的周记批语"贵在坚持自觉"，成为我的终生座右铭。他给我的毕业留言"有志者事竟成"，激励我一直努力学习。他指定我为班上每个同学起草毕业鉴定，还安排我在毕业典礼上代表学生发言，至今记得发言结语。

四、1973—1975（硝硐村务农、代课教师）

1973 年 7 月至 1974 年 5 月，成为硝硐村社员。1974 年 5 月至 8 月，参加竹基公社化学除草工作。独自穿越深山老林，送除草剂到偏远村寨。1974 年夏，选为优秀回乡青年，参加师宗县政府组织的表彰大会。

1974 年，为硝硐村写建立生产队以来的总结，用于参加大舍大队会议交流，受到会议好评。这是我学习写史的开端。1974 年 9 月至 1975 年 6 月，代殷朝光老师任课，教小学一年级和三年级。给小学生削铅笔、理发，栽烤烟卖，免去学费。1975 年 6 月至 8 月，经殷朝光老师推荐，在大舍小学任附中语文教师。带领学生改修公厕，清扫环境。这是我一生最具有奉献精神的年月。

五、1975—1977（曲靖师范学校：中专）

1975 年推荐选拔上大学，竞争不过家庭背景强的学生，经陈宗山老师的力荐，上了曲靖师范学校中文班。担任生活委员，为同学发送饭菜票。余荣忠担任班长（后担任曲靖市人大副主任，已故）。第一年是杨光斗老师任班主任，第二年是钟坤杰老师任班主任。杨、钟二位老师都是出色的历史学任课教师。王新成老师讲哲学课，受启发很大。杨纯老师教古文课，传称为"滇东北活字典"。韩一德老师任政治经济学课，曾让我试讲政治经济学课一次。曲师学习期间，曾投稿《云南日报》发表过一首五言诗和一首词。写过数首长篇自由诗。悼念周总理的长诗，选为班级合诵节目，在学校广播数次。都是政治抒情诗，幸好毕业后没有再写下去。

六、1977—1979（师宗五龙中学）

1977年7月，在曲靖师范学校以各科成绩优秀毕业。因写作小有名气，误以为能留校工作。实际是留校学生，早有组织内定。一介书生完全不了解内情。分回师宗县后，一中也进不了。安排到师宗第二中学（五龙公社中学）工作。这是一所距离县城一百多里的少数民族地区中学，刚由初中提升为高中。只有一名云南师范学院毕业的数学老师上过大学。校长安排我担任初一和高二的语文课教师。宿舍安排在离本校部一里外的一所孤零零的房子中。这所房子是"文革"中改造下放干部的房子，一层各间都积了厚厚的灰土。久无人住，蛛网遍布。安排给我一层的一间，实在无法打扫居住。一位住二层的年轻老师下乡去了，把他的房间让给我暂住。他的房间是自己用木板搭的顶棚，用报纸裱的四周。缝隙很多，蚊虫不少。学校的小水电站供电不足，常要自备油灯看书。白天教书，晚上刻苦自学，准备参加高考。这所学校正在新建之中，劳动很多。师生到数十里外的深山中，扛木料多次。当时有规定，中专师范毕业生要工作满两年方可报名参加高考，并且限报对口专业。我在1979年7月得到批准参加高考。历史和地理两科都考了94分，帮助我考上了北京大学法律学系。这是从师宗县直接考上北大的第一名学生。县文教局给了我90元路费到北京。

七、1979—1983（北京大学）

进北大后，校园比我预想的美，宿舍比我预想的差。头几个月是三十多个男生住一大房间，后来是七个男生住一个宿舍。我不愿到教室或图书馆抢占座位上自习，常在宿舍看书，很憋闷。尤其是不喜欢枯燥的法学课程。当时不能转系学习，只能勉强去上课。大一时患了严重的湿疹，身体奇痒，休息不好，上课精神分散。关键的一年外语课，没有学好，勉强及格过关。连担任课代表的语法课和逻辑课也未获得优秀。北大本科四年，学习成绩优少良多，生活经历乐少苦多。听张国华老师主讲《中国法律思想史》、由嵘老师主讲《外国法制史》，受益颇多。旁听中文系的《论语》课和《文心雕龙》课，受益颇深。仔细阅读云南学人艾思奇的哲学著作、杨鸿烈的法律史著作，以及姜亮夫的文章，受益深远。大三时打算毕业后从事中国法制史的教学工作，却没有想考研究生。1982年10月中旬，在石家庄河北省第二监狱实习过程中，收到云南同乡北大81级学生杨君寄送的《中国法制史》统编教材，决定参加1983年2月的北大研究生考试。[1]时间紧迫，准备仓促，法律史专业考试成绩较好，英语考试成绩不及格。正遇中国政法大学成立，需要很多研究生。与同乡张晓辉商谈后，一道进法大读研究生。

北大四年，虽然苦多乐少，但同学毕业纪念册上

1　1983年1月20日，收到父亲去世信息。辗转难寐，夜拟挽联，清晨录下，正巧百字：

悲音南来老父灵归九天重病十年有心望子成龙痛度春秋冬夏劳瘁一世幸见六兒齐家期望百岁延寿有涯长传耕织佳话

古都北恸小兒泪洒燕园离乡万里无意升官发财立志成名成家寒窗数载但愿文颢中华重回龙海再拜白腊哭祭杨梅山下

（悼父联，1983年1月20日写于北大。龙海山、白腊山为滇东名山）

的留言尚有余温。季卫东留言:"赠广安学友:以史为鉴,通经邦纬国之道;以诚为本,做高风亮节之士。一九八三年七月十六日于燕园"。张志铭留言:"苦心人天不负,有志者事竟成。"伍彪留言:"潜心向学。"夏华留言:"满腹经纶,出口成章。——刘教授广安雅鉴"。吕岩峰留言:"法学史学集于一身。"刘刚留言:"得大自在。"还有云南老乡北大中文系78级学生张曼菱留言:"我们是聂耳的老乡,是护国军的后裔,中华今日的现代文明应从我们手中诞生。与广安同乡共勉"。

八、1983—1989(中国政法大学)

1983年9月,进入法大后,经张晋藩先生破格录取和直接指导,先后撰写了《古代赎刑考略》《对凉山彝族习惯法的初步研究》的学年论文,发表于《政法论坛》1985年第6期,《比较法研究》1988年第2期。撰写了硕士学位论文《论明清的家法族规》,缩写本发表于《中国法学》1988年第1期。博士学位论文《清代民族立法研究》,缩写本发表于《中国社会科学》1989 年第 6 期，译载该刊英文版 1990 年第 4 期。全书经张先生推荐，1993 年由中国政法大学出版社出版。当时定价 4.5 元，2015 年发现有网店涨价至 100元，遂出了新的修订版。修订版后记收入了 1988 年 12月 30 日完成此书初稿时的感怀小诗：“二十三年寒窗路，一纸论文透心血。父母师长妻友问，亦喜亦悲意难却。”收入了张先生的和诗：“二十三年寒窗影，危坐求知意更真，沧海人生方起步，可怜天下师友心。”

九、1989 至现在（中国政法大学法律史学研究所—研究院）

1989 年博士毕业留校后，[1]1992 年任副教授，1995年任法律史研究所副所长，1998 年任教授，并主持研究所日常工作。2002 年换届选举，提交退选申请。其

1　1990 年 5 月，慈母于 76 岁去世，与五哥共撰 76 字挽联：

能耕能收能織如金在鎔如玉在璞力勞力心為劉門如今長眠悲切切六子齊痛哭母儀垂千秋

愛夫愛子愛孫與人無忤與世無爭仁心仁德出陳家於此永訣意綿綿五媳共招魂慈恩傳萬代

（慈母挽联，五哥撰写，六弟补充。1990 年 5 月于硝村）

中写道："我在研究所任职已有 7 年，做了力所能及的工作。应让优秀学者轮流为大家服务。"遂辞去副所长职务。

2002 年，在徐显明校长的帮助下，学校批准担任博士生导师。已招博士生 16 届，共 18 人，已毕业 16 人，均为优良。

自 2002 年以来，我出版了《中华法系的再认识》《中国古代法律体系新论》两本论文集，前者收录了家法族规、民族法规、民间调解和法史学科反思等论文，后者收录了律典作用、令典作用、明清法律体系综论等论文。又出版了这两本论文集的增订本《中国法律传统的再认识》，增加了研究中国法律体系的发展和大清会典方面的论文。并出版了《中国法律思想简史》《中国法制史》两本教材。前者以系统引证基本史料、吸收前辈学者优秀成果又有所发展为主要特征，已出了 3 版，印刷多次。后者以简要通俗阐述历代法制演变线索、探索古代法律知识当代化为主要特征，已出了 2 版。主持项目《中国法制史学的发展》《中国古代民族自治研究》《晚清法制改革的规律性探索》《清代法律体系辨析》《中国传统刑法：发展线索生成方式与变通适用》，均已出版。

2018年9月8日，应中国法律史学会执行会长张中秋教授特邀，在中国法律史学会年会上作主题报告《中国传统法律体系与法律变通》，惜无录音，未能整理成文！

后记

有人说过：人生道路很长，关键处只有几步。

1979 年考上北大本科，是我一生最幸运的一步。见到了山外高山，才外高才。不说名家大师、高才学长的间接影响，只说同舍学友郭巍、伍彪、戴学正、季卫东、张志铭、王新建和同班学友查海生（海子）、李存捧、田万国等人的直接影响，他们促使我重新认识自己，选择适合自己的学术道路。

1983 年到中国政法大学读研，是我一生最重要的一步。在导师张晋藩先生指导下，1986 年获硕士学位，1989 年获博士学位。硕士论文发表于《中国法学》1988 年第 1 期，博士论文发表于《中国社会科学》1989 年第 6 期，在张先生的众多学生中留下一个纪录。1992 年聘为副教授，1998 年聘为教授。坚持走学术道路，有幸写出数种法史论著。

《口述法史》，幸存讲坛。感谢师友，实录学缘。

2021 年 1 月 6 日于京华东斋